小学语文课程与教学艺术研究

车其文 著

北京燕山出版社

图书在版编目（ＣＩＰ）数据

小学语文课程与教学艺术研究 / 车其文著. — 北京：
北京燕山出版社, 2022.6

ISBN 978-7-5402-6585-4

Ⅰ.①小… Ⅱ.①车… Ⅲ.①小学语文课—教学研究
Ⅳ.①G623.202

中国版本图书馆CIP数据核字（2022）第106956号

小学语文课程与教学艺术研究

著者：车其文
责任编辑：邓京
封面设计：马静静
出版发行：北京燕山出版社有限公司
社址：北京市丰台区东铁匠营街道苇子坑138号嘉城商务中心C座
邮编：100079
电话传真：86-10-65240430（总编室）
印刷：北京亚吉飞数码科技有限公司
成品尺寸：170mm×240mm
字数：226千字
印张：14.25
版别：2023年3月第1版
印次：2023年3月第1次印刷
ISBN：978-7-5402-6585-4
定价：82.50元

前　言

　　小学语文课程是基础教育课程体系的"基础"，小学语文课程与教学的质量很大程度上决定了基础教育能否为小学生奠定一个良好的学习起点与人生发展的开端。小学生只有学好语文，打好语文基础，在学习其他学科时才更容易。小学生通过语文的学习坚定理想信念、厚植爱国主义情怀、加强品德修养、增长见识，培养奋斗精神、增强综合素质，使自己有理想、有本领、有担当，成为德、智、体、美、劳全面发展的社会主义建设者和接班人。因此，在小学基础教育中，必须高度重视语文教学。

　　百年大计，教育为本；教育大计，教师为本。教师教育专业化是当前国际教育发展的重要趋势之一。作为基础教育阶段重要组成部分的小学教育，如何提高其师资培养的质量已经成为各国广泛关注的一个话题。小学教育专业是教育部自1999年新批准的本科专业，该专业的发展一直伴随着国内基础教育课程和教学变革的挑战。能否正确理解新课程，适应新课程改革的需要，实践新课程的理念，积极地推进新课程的实施，是摆在每个在职教师和师范生面前的重大课题。新课程改革要求小学教师必须在具备传统教师所具备的基本知识和技能的同时，还必须具备许多传统教师不具备的新知识和技能。作为一名小学语文教师，如果不懂小学语文课程与教学方面的理论知识与专业修养，就难以适应小学生全面发展与新基础教育发展形势的客观要求。鉴于此，特撰写了本书。

　　本书共包括八章内容：第一章为小学语文课程概述，分别对小学语文课程的性质、任务、目标、作用、标准、理念、资源与教材等进行了研究；第二章为小学语文教学概述，分别对小学语文教学的主要流派及基本原则、小学语文教学的常规工作、小学语文教学的基本技能进行了研究；第三章至第八章分别对小学语文识字与写字教学艺术、小学语文阅读教学艺术、小学语文汉语拼音教学艺术、小学语文口语交际教学艺术、小学语文习作教学艺术以及小学语文综合性学习艺术进行了研究。总体来说，本书结构清晰明了，内容丰富翔实，理论明确系统，语言准确通俗，对语文教师学习小学语文教学的基本知识，培养从事小学语文教学的基本能力，掌握小学语文教学的基本技能，有着积极的促进作用。

　　本书在撰写过程中参阅了许多有关小学语文课程与教学方面的著作，同时也引用了许多专家和学者的研究成果，在此表示最诚挚的谢意！由于时间仓促，作者水平有限，错误和不当之处在所难免，恳请广大读者在使用中多提宝贵意见，以便本书的修改与完善。

作　者

2022年5月

目　录

第一章　小学语文课程概述　　　　　　　　　　　　　　　　1

　　第一节　小学语文课程的性质与任务　　　　　　　　　2
　　第二节　小学语文课程的目标与作用　　　　　　　　　9
　　第三节　小学语文课程的标准与理念　　　　　　　　　15
　　第四节　小学语文课程的资源与教材　　　　　　　　　18

第二章　小学语文教学概述　　　　　　　　　　　　　　　　26

　　第一节　小学语文教学的主要流派及基本原则　　　　　27
　　第二节　小学语文教学的常规工作　　　　　　　　　　41
　　第三节　小学语文教学的基本技能　　　　　　　　　　60

第三章　小学语文识字与写字教学艺术研究　　　　　　　　65

　　第一节　识字与写字教学概述　　　　　　　　　　　　66

第二节　小学语文识字与写字教学的目标　　　74

第三节　小学语文识字与写字教学的策略　　　76

第四章　小学语文阅读教学艺术研究　　　81

第一节　阅读教学概述　　　82

第二节　小学语文阅读教学的目标　　　98

第三节　小学语文阅读教学的策略　　　101

第五章　小学语文汉语拼音教学艺术研究　　　114

第一节　拼音教学概述　　　115

第二节　小学语文拼音教学的目标　　　126

第三节　小学语文拼音教学的策略　　　127

第六章　小学语文口语交际教学艺术研究　　　130

第一节　口语交际教学概述　　　131

第二节　小学语文口语交际教学的目标　　　143

第三节　小学语文口语交际教学的策略　　　146

第七章　小学语文习作教学艺术研究　　　153

第一节　习作教学概述　　　154

第二节　小学语文习作教学的目标　　　162

第三节　小学语文习作教学的策略　　　164

第八章　小学语文综合性学习艺术研究　　　　173

　　第一节　小学语文综合性学习概述　　　　174
　　第二节　小学语文综合性学习的策略　　　　187

附　录　　　　193

　　核心素养下的课程研发与实践
　　——关注人本发展的"开·元"课程　　　　194

参考文献　　　　213

第一章　小学语文课程概述

　　小学语文课程对于完成基础教育任务，培养和提高学生的个性特征，丰富生活体验，提高人际交往能力，在未来社会中寻求更好的生存和发展空间具有重要意义。本章即对小学语文课程的相关知识进行简要阐述。

第一节　小学语文课程的性质与任务

一、小学语文课程的性质

语文教学有着悠久的历史，然而这门课程的性质问题，时至今日还是颇有争议的。"语文"这门被人们普遍认为是基础教育阶段最重要的课程，而且是以诠名释义为其教学活动重要特征的课程，其课程性质如何诠释却众说纷纭，莫衷一是，让人产生了困惑。为此，很有必要对语文学科性质观作一番认真的研究。[①]

（一）"文"与"道"的争论

从20世纪中期开始，我国语文教学史上就经历过一场范围广泛，历时近三年的"文道关系"大讨论。"文道关系"大讨论，是围绕语文课程的任务究竟是"以文为主"还是"以道为主"展开的，讨论主题直指语文课程的性质问题。通过广泛深入的讨论，大家认识到语文教学中政治思想教育和语文知识教学两者都重要。语文知识教育与政治思想教育的关系应该是亲密无间的。把语文课讲成政治课固然不对，但是抱着单纯实用的观点，把语文课仅仅看作是一种教会识字、读书、写文章的工具课也是不对的。1961年12月，《文汇报》专门发表社论对这场讨论作了总结。社论对语文课程的目的和任务作了深入、透彻的分析。认为"语文教学的目的任务应是："使学生正确、熟练地掌握与运用祖国的语言文字，培养与提高学生的阅读与表达能力，并

[①] 吴忠豪.小学语文课程与教学论[M].北京：北京师范大学出版社，2004.

通过教学内容的教育和感染，培养学生具有正确的观点，健康的思想和高尚的品德。"这场大讨论所产生的积极成果是：1963年颁发的中小学语文教学大纲同时明确了语文学科的"工具"性质。大纲的第一句话是：语文学科是学好各门知识和从事各种工作的基本工具。

（二）"工具性"和"人文性"的争论

20世纪末，中小学语文教育界围绕着语文学科的性质又展开了历时十多年的大讨论。这期间，有关语文教学法、教学论、教育学方面的专著先后有四十余种相继问世，其中绝大多数都有专章专节论述语文学科的性质问题；还有成百上千篇论文见诸于各种语文报刊杂志或学术讨论文集。有关语文学科性质问题的辩论非常热烈。有人坚持工具性是语文学科的本质属性，思想性、文学性、知识性是它的附属属性。也有人认为工具性和思想性都是语文学科的基本属性，语文学科就是工具性和思想性的统一体。因为语言和思想是不能分开的，没有思想内容的语言是不存在的，离开语言也无法表达思想内容。

然而在20世纪90年代，"工具性"是语文学科本质属性的观点受到了尖锐的批评。一批年轻的语言学家开始用人文主义观点研究语言现象，复旦大学申小龙首先提出了汉语人文性问题。他认为："人的语言具有民族文化和民族社会的共同性。它依附于社会而存在，依附于社会而发展，具有人文性——社会的属性。社会性，或者说人文性，是语言的根本属性。"[①] 1996年张志公先生在《语文学习》上发表看法说："现在，颇有一些人，认为我们的语文教学中科学因素太多，要加强人文性。我有些不同的想法，我们的语文教学，吃亏就在于没有科学性，没有真正地深入调查研究，随意性太强。"又说，"加强语文教学中的人文因素，我不反对，但把它与科学性对立起来，就走向了极端。过去，我们是人文性与科学性都谈不上，我称之为四不像。把多年来语文教学没搞好的原因归诸为强调了工具性，搞多了科学

---

① 申小龙.汉语的人文性与中国文化语言学[J].读书，1987（8）.

性，就离谱了。科学性和人文性都得加强！"①

工具性和人文性的争论，反映出语文教师在不同思维方法指导下的两种不同追求：一种是科学主义的思维方法，追求教学目标的单一化，教学程序的系列化，教学方法的模式化，以及教学评估的标准化。另一种是人文主义的思维方法，追求语文教学的社会化、人格化与个性化，认为课堂不仅是学生获得知识的场所，也是学生体验人生的地方。语文课应当是知、情、意的统一，制定教学目标只能起到消极的束缚作用。

（三）"工具性"和"人文性"的统一

工具理性的张扬和科学技术的发展，促进社会的巨大进步，同时也产生了一些负面影响，如生态平衡的破坏、环境污染等，特别是资本主义危机的发生和两次世界大战对人类的摧残，为新人文主义思想的发展奠定了社会基础，这也是工具性和人文性统一的社会基础。

在人的精神世界里本来就有科学理性与非理性、认知与情感过程与动机等层面。因此，当我们把人文性与工具性加以并列时，是为了避免逻辑上的混乱，实际上，人文性更加关注的是理性情感、动机的层面。人原本是灵魂与肉体、物质与精神、理性与非理性、个人与种属、工具与目的、现实与可能的统一体。因此，语文课程的工具性与人文性统一的客观基础还在于人的完整性。

二、小学语文课程的任务

概括来说，小学语文课程的任务主要包括以下几方面。

---

① 张志公.语文学习发刊200期纪念活动讲话[J].语文学习，1996（8）.

（一）人文素养方面的任务

具备良好的人文素养，是现代社会一代新人的必备条件，因此各门课程都应该把培养学生的人文素养放在课程教育的重要地位，特别是语文课程。与其他课程不同，语文课程的教育功能，其特点更多地体现在培养学生的情感态度、审美、价值观等人文素养上。也就是说，语文课程的教育功能和其他课程的教育功能有共性的一面，但更有其个性的一面。语文课程培养学生的人文素养主要包括以下几个方面（表1-1）。

表1-1 语文课程培养学生的人文素养

人文素养	具体阐述
认识中华文化的丰厚博大，不断吸收民族文化智慧	中国是世界四大文明古国之一。在数千年的历史进程中，中华民族在政治、经济、军事、科技、文化等方面，有着令人自豪的辉煌历史。语文教材中《赵州桥》《乐山大佛》《草船借箭》等课文，以及教材中大量脍炙人口的古诗寓言，生动而具体地反映出了中华民族的智慧和创造精神，通过语文学习，能够使学生认识中华文化的丰厚博大，不断吸收民族文化智慧
具有爱国主义感情和良好的社会主义道德品质	语文教学中的道德教育不是单纯地用语言来说教，而是通过课程中的人物形象、生动的事例，通过发现和解决问题的语文实践活动，使学生获得情感陶冶和正确的道德判断。比如学习课文《狼牙山五壮士》《小英雄雨来》等课文，就要让学生认识到爱祖国、爱人民不是一句空话，要通过具体的言行表现出来。要通过语文学习，通过阅读、习作、口语交际以及各种各样的语文实践活动，培养学生的爱国主义情感。语文课程教育中还要发展学生的道德情感、磨炼道德意志、训练道德行为、强化道德习惯，提高学生的道德水准，形成社会主义的道德品质
具有更加开放的视野，要关心社会中的文化生活，吸取人类优秀文化的营养	21世纪的学生应该具有更加开放的视野，要关心现实社会中的各种文化生活，不断吸取人类优秀文化的营养。新世纪的中国，是一个开放的国度。现代高科技的迅猛发展，使世界变成了"地球村"。语文教材中大量的富有时代气息的课文，可以让学生认识世界、了解世界，用全人类优秀的文化营养充实自己的精神世界。语文课程中重视培养学生的阅读兴趣和能力，为学生课外读书读报，上网查阅各种信息，进一步开阔自己的视野，提供了充分保障
教育学生热爱祖国	小学语文还具有教育学生热爱祖国的任务，要让学生热爱中华民族的语言，热爱祖国的文字，热爱用这些语言文字写成优秀文学作品。在语文学习过程中，我们应该教育学生乐于读，乐于写，乐于运用祖国的语言文字，乐于推敲品味祖国的语言文字，不断提高自己的文化品位和审美情趣，使中华民族的优秀文化代代相传、发扬光大

（二）语文学习习惯、方法和态度方面的任务

1.养成学习语文的良好习惯

习惯是一种特殊形态的熟练，是由多次重复而形成的对于实现某种自动化动作的需要。有益的习惯能促使人们按照有效的方式行事，在培养人的行为和个性品质中有重大作用。"学习习惯"是指学生在一定情境下自动地去进行某些活动的特殊倾向。它是学生在学习上的一种自动化动作，良好的学习习惯使学生终身受益。

语文课程培养学生学习习惯，应该是贯穿于语文学习的过程之中，让学生在掌握语文知识、方法和技能的过程中形成的。因此，教师在教学全过程中必须牢固地树立培养学生学习良好习惯的意识。

2.掌握最基本的语文学习方法

学习方法是完成学习任务的途径和手段，掌握了正确的学习方法，就会产生两个飞跃。

第一，由"学会"变为"会学"。

第二，由"被动地学"变为"主动地学"。

有些学习方法适用于各门功课的学习。比如我国传统的学习方法有温故知新、循序渐进、提纲挈领、学思结合、手脑并用等。小学语文课程中的学习方法，实际上是一般学习方法和本课程中特殊的学习方法的结合。随着教学改革的不断深入，广大小学语文教师和教研工作者从实践中总结出来的或通过科学分析归纳出来的语文学习方法难以完全统计，而且各有各的逻辑划分层面。总体来说，语文学习方法是学生通过大量的语文学习实践自己"悟"出的。因此，带有明显的个性特征的学习方法，才是方便、实用而高效的方法。因为它反映了学生对语文学习规律的真正掌握。

3.具有主动学习的态度和自信心

教师应当引导学生不断地提出问题，使学习过程变成学生不断提出问题、解决问题的探索过程，在学生主动构建知识、探究新知识的过程中强化自己主动学习的意识，形成自主学习的态度。

自信是一种重要的心理品质，它表现为对自身能力的信心。一个人，只有树立了自信心，才能克服困难，开发自己的潜能，实现自己的目标。学习语文也是这样。培养学生的学习自信心，不仅仅是对学生进行教育的问题，更包含着教师改变语文教学观念和改革教学方法的问题。

（三）语文能力方面的任务

能力是指人顺利地完成一定活动所必备的心理特征。人们要做好某项工作，需要相应的才能、力量和条件，把这些合起来，才能保证人们成功地进行某项活动，成功地做好某件事情，成功地完成某项工作。语文能力是一种专门能力，语文课程除了要培养学生的智力和创造力，还承担着语文专门能力的培养任务，即正确理解和运用祖国语文的能力，这是语文课程必须承担的本职任务，它反映了课程特性。语文课程必须培养学生以下几种能力（表1-2）。

表1-2　语文课程必须培养学生的能力

能力	具体阐述
识字写字能力	培养学生具有识字写字的能力是语文学习最基础的目标。因为不识字，就无法进行阅读；不会写字，就无法进行写作；不会普通话，就无法在各种情况下顺畅地进行口语交际；而不会汉语拼音，就很难学好普通话，也难以做到独立识字
阅读能力	小学阶段的阅读一是突出学生独立阅读能力的培养，要学会运用多种阅读方法；二是多读，重视积累；三是注重情感体验，培养学生的语感
习作能力	培养学生的习作能力也是小学语文课程的一个重要任务，只有学生在小学阶段能够把自己的意思讲明白，把文章写通顺，才能为学生终身的语言表达奠定扎实的基础
口语交际能力	要培养小学生的口语交际能力，要做到以下几方面：第一，突出口语的社会交际功能，符合口语教学的规律；第二，强调口语交际的实践活动，在动态的语言交际过程中学会倾听、表达与交流；第三，注重口语交际过程中人文素养的提升，不仅要提高交际能力，还要文明地进行人际沟通和社会交往，发展合作精神

（四）思维能力和创新精神方面的任务

1.语文教学对发展学生的思维能力有着极其重要的作用

按照心理学的研究，语言和思维是两种不同性质的心理现象，语言是人们用来交流思想的工具，思维则是人对客观世界的一种认识活动。但是，语言和思维的关系又是十分密切的，语言是思维的物质外壳，语言是思想的直接体现。语文课上学生在教师的指导下阅读理解课文思想内容的过程，就是学生运用判断、概括分析、推理等方式进行思维活动的过程。阅读的过程既是学语文的过程，又是训练思维的过程，因为阅读能力的核心是思维能力，阅读训练始终伴随着思维活动。其实对学生进行语言表达训练的过程，也是对学生思维的逻辑性和条理性进行指导的过程。因为说话的连贯和条理性，是建立在思维逻辑性的基础之上的。

2.语文教学对培养学生的创新能力有独特的作用

一般认为，智力是各种认识能力的总和，它包括观察力、注意力、记忆力、思维力、想象力等，以思维力为核心。创造思维是创造力的内核，因此，创造力是智力的一个核心部分。语文教学要发展学生的智力，就要培育学生的创造力。从20世纪末开始，世界各国相继掀起了基础教学改革的热潮，强调要全面改革传统教学来培养学生的创造力。近年来的研究表明，每个学生身上均存在着不同程度的创造力。培养学生的创造力需要从以下几方面入手。

（1）培养创新意识

创新的意识，也可称作创新的精神，包括好奇心、探究的兴趣、求新求异的欲望等。培养创新意识的工作要从一年级开始。

（2）培养创新能力

创新的能力主要包括创造思维能力和创造想象能力。创新能力的培养首先是创造性思维能力的培养，要在理解、表达中体现出灵活与机智，透出灵性，做到越学越聪明。其次是培养创造想象能力，语文教学既要让学生大量阅读充满创造想象的神话、童话、科幻故事，又要鼓励学生展开想象，特别是展开异想天开的创造想象。

（3）培养创造性人格

其中重要的就是保持一种追求创新的心态、执着的精神和坚强的毅力。当然，对于小学生来说，这方面不能要求过高。

第二节　小学语文课程的目标与作用

一、小学语文课程的目标

（一）语文课程目标的概念

"目的"和"目标"是中国教育术语中经常混淆的词。近年来，一些研究开始发现，盲目使用"目的"或"目标"会导致该术语的泛化和混淆。他们开始用各种各样的"目的"和教学术语中的"目标"来说明他们的意思，由此出现了"教育目的""培养目标"和"课程目标"三种不同的概念和表达方式。

1.教育目的

教育目的是各级各类学校教育的总的规定和要求。它在一切教育教学活动中起着主导和制约作用，具有高度的原则性、抽象性、概括性和广泛的适应性。

2.培养目标

培养目标是学校为了满足一定的社会需求，根据教育目的设定的具体要求，这些具体的教育要求之间有着具体而抽象的关系。

3.课程目标

课程目标是根据国家教育方针、学生身心发展规律和学科内容的学习，完成规定的教育教学任务而达到的目标。

基础教育的每个科目都有自己的目标。语文课程的目标就是从语文课程角度界定语文课程人才培养所要达到的目标。

（二）语文课程目标的特征

语文课程目标具有显著的特征，概括来说主要包括以下几方面（图1-1）。

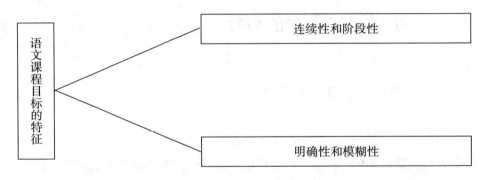

图1-1　语文课程目标的特征

1.连续性和阶段性

要有一个扎实的语文基础和习惯是不容易的。语言知识和技能需要一个从学习、应用、巩固到掌握的长期反复训练过程，因此课程目标应该是连续的。课程目标的连续性是指多个课程目标应形成一个层次、一个序列和一个整体。

所谓阶段性意味着课程目标必须在各个层次和顺序上反映这一过程。这一过程在高度和难度上有所不同，但都必须符合学生的生理和心理发展水平。如查字典、读写等，必须要经过一两个学期的精心学习才可以达到预定的目标。

2.明确性和模糊性

在语文课程的三维目标中，知识、技能和方法最为明确。一些具体的目标也可以量化，例如每学期手册中添加的新词数量、每分钟可以默读的单词数量、培训前后的变化等。根据学生的初始基础和教师的能力水平，可以提出明确的量化目标。量化目标有助于教学和教学评价。然而，语文课程中有许多目标是无法量化的。例如，理解的程度、深度、强度和速度只能用"初步""深入"和"全面"来衡量。所以说，小学语文的课程目标又具有明确性和模糊性的特点。

（三）语文课程目标的作用

语文课程目标具有重要的作用，概括来说，主要包括以下几方面（图1-2）。

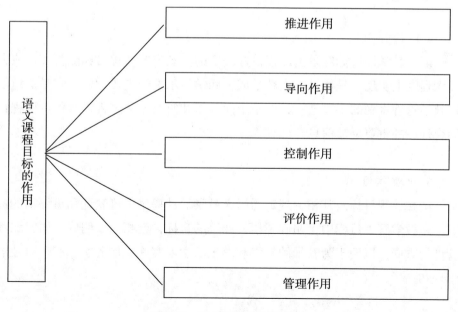

图1-2　语文课程目标的作用

1.推进作用

对于教师来说，理解和明确课程目标可以提高教师的教育水平和能力，保证教学活动的顺利进行。对于学生来说，理解和确定课程目标可以激发学生强烈的参与感，学生实现教学目标也可以增强学生的学习成就感，从而促进学生的进步。因此，语文课程目标在语文教学中起着推进作用。

2.导向作用

确定语文课程目标可以明确期望，明确语文教学任务，吸引师生的注意力，引导语文教学朝着既定方向前进，有效减少课堂盲目性，提高语文教学质量和效率，所以说，语文课程具有重要的导向作用。

3.控制作用

语文课程目标控制着课程内容，包括语文课程内容的数量、难度等。此外，它还控制着教学过程，包括教学过程阶段的安排、持续时间等。教师和学生在教学过程中的活动通过信息反馈适应课程目标。简而言之，语文课的所有活动都密切关注课程目标的实现。

4.评价作用

语文教学评价标准是由课程目标决定的。既定的课程目标能否实现或在多大程度上实现，是衡量学生教学成绩和学习水平的重要指标。它是衡量学校教学管理水平的手段之一，也是全面分析和研究教学过程以及评价课程目标合理性的重要反馈信息。

5.管理作用

语文课程目标及其相关规定为语文教学活动提供了可验证和可评估的标准。在教学管理过程中，明确了语文课程的目标，就相当于明确了语文课程管理的方向，以便于为教师的教学和学生的学习实施更加务实和有针对性的管理和指导。

二、小学语文课程的作用

小学语文课程的作用主要包括以下几方面。

（一）是学生学好其他课程的基础

在义务教育课程结构中，语文课程是基础课程，语文是学习其他课程需要掌握的最基本的工具。只有学好了语文，才能为其他学科的学习奠定良好基础，这将极大地帮助和促进其他学科的学习，而缺乏语文基础将影响其他学科的学习。

（二）是学生全面发展和终身发展的基础

语文课程是门综合性很强的课程，从大的方面看，它是以语文为轴心，以数学、物理、化学、天文、地理、哲学、美学、音乐、建筑等知识为辐射线而组成的一个庞大而开阔的系统，它所涉及的领域十分广泛。所以，全面提高语文素养，对于学生全面发展会起到积极的促进作用。在一个人一生的学习和工作中，都需要有语文的基本知识和基本技能作为基础。现在的学习和发展需要语文，将来的学习和发展也需要语文。语文基本知识和基本技能学不好，就没有终身学习的后劲，难以继续学习，也就失去了终身发展的条件，难以从事任何工作，也难以进入社会生活。可以这样说，在人的一生中，语文是无处不在，无时不用的。日常生活要用语文，工作和学习也都离不开语文。所以说，语文是学习、工作和生活的基础。

（三）在素质教育中的重要作用

1.素质教育

无论是素质教育还是一次次的课标修订，都是越来越重视学生综合能力的培养，因此要在语文课堂上渗透学法的指导。语文教育也是教学生做人最重要的一门课。实施素质教育就是要求教师融会贯通，把生活点点滴滴的道理传给学生，传达真善美。

2.小学语文在素质教育中的意义

通过合理的素质教育把语文知识传输给小学生，充分调动学生自觉学习语文的积极性，这才是小学语文教育发展的最大动力。我们的教育改革最终目的是，通过好的教学手段，研究并制定适合学生的教育方法，以素质教育为核心，提升学生语文运用的能力，明确素质教育在小学语文教育中的地位及其重要性。

3.小学语文中实施素质教育的途径

小学语文中实施素质教育的途径包括以下几方面（表1-3）。

表1-3　小学语文中实施素质教育的途径

小学语文中实施素质教育的途径	具体阐述
在语文教育中要转变观念全面实施素质教育	小学语文课是一门融知识、能力与素质为一体的工具课。学生的素质是通过教育在思想道德素质、文化素质、身体心理素质这几个方面形成的相对稳定的心理品质。素质属于较知识、能力更深层次的东西，素质提高的过程很复杂，加强或注重素质教育，要求注重渗透性的教育、养成型的教育
改革课堂教学，培养学生的创新精神，提高学生的综合能力	要积极改革当前的语文课堂教学模式。传统的语文教学只重视知识的传授，不仅不重视增强学生的实践能力，也忽视培养学生的创造精神，无意之中抑制了教育机能的创造因素和受教育者的创新意识。作为小学语文教师，必须有一种强烈的使命感和紧迫感，那就是增强创新意识，加强创新教育，大力开发学生的创造潜能，培养学生的创造能力，发挥学生的创造才能
提高教师队伍素质	要全面推进素质教育，最关键的还在教师素质的提高。第一，教师应具备广博的文化修养。第二，教师应具备教育学和心理学知识。第三，教师应精通所教学科的专业基础知识和基本理论

第三节　小学语文课程的标准与理念

一、小学语文课程的标准

（一）语文课程标准的含义

小学语文课程标准，即是小学语文教学的指导文件，在语文常规教学中，课程标准所起的作用远远大于它本身的价值。

首先，它制定了语文学科的课程目标与内容。这就使语文教师在教学的过程中，目的性更明确，在学科教学的过程中有的放矢。在预设教学的过程中，使预设更有方向性，更具可行性。

其次，它提出了语文教学的实施建议。因此，语文课程标准便成为语文老师必须解读的纲领性文件。[①]

（二）小学语文课程标准的价值

为什么我们一定要读课程标准?这便是课程标准的价值之所在。要想清楚课程标准的价值，我们首先来看课程标准的结构：前言、课程目标与内容、实施建议、附录。基于课程标准的内容，我们很清晰地看到课程标准的功能。

第一，是编写教材的依据。

第二，是教师教学的准则。

---

① 廖娅晖.小学语文教学设计[M].北京：中国铁道出版社，2018.

第三，是检查教学效果的重要标尺。

正因为课标内容提供的高、全、实的内容，使教材编写、课程资源开发、教学、评价有了可以扎根的土壤。

二、语文课程的理念

"理念"是一个时新的名词，一般可以理解为比较理性的一种观点或看法。它是经过比较理性的思考后抽象概括出来的，因而一般来说是比较正确和科学的。较之中性的"观念"，它更趋于褒义。经过大量的教学实践和研究总结，《语文课程标准》提出了以下几个基本理念。

(一) 全面提高学生的语文素养

语文素养即学生在平时生活中表现出的语文的修养。课堂教学就是要面向全体学生，使具有不同身心条件和背景的学生都有接受语文教育的机会，并使每个学生在语文学习过程中不断增强学习自信心，学习和掌握对他们的一生都具有重要价值的、最基本的语文知识，历练语文的基本能力，提高综合语文素养。这就要求教师在教学的过程中重视对每个学生的培养。比如，在阅读教学的问题设置上要有坡度，要照顾到各学习层次学生的需要。学生可以"超文本"阅读，可以有自己独特的感受。在习作时，要尽量减少对学生的束缚，让学生无拘无束地自由表达，还学生主体地位。作文的选材不要过严，可将限度放宽。课外练笔更加可以放宽，让每一个学生都有话可说，有话愿说，有话能说好。

(二) 正确把握语文教育的特点

语文课程丰富的人文内涵对学生的精神领域产生了深刻而深远的影响。学生对语文教材的感受和理解往往不尽相同。因此，我们应该重视语文的感染功能，重视教学内容的价值取向，尊重学生在学习过程中的独特体验。语文是一门非常实用的课程，我们应该注意培养学生的语文实践能力，而培养这一能力的主要途径是语文实践。语文是一门母语教学课程，学习资源和实践机会无处不在。语文课程还应考虑到中国特色对学生识字、写作、阅读、口语交际和思维发展的影响。在教学中，要注重培养良好的语言意识和综合把握能力。

（三）积极倡导自主、合作、探究的学习方式

学生是学习和发展的主体。根据学生身心发展和语文学习的特点，语文课程应关注学生的个体差异和不同的学习需求，珍视学生的好奇心，充分激发学生的主动性和进取精神，倡导学习方法的自主性、合作性和探索性。教学内容的确定、教学方法的选择和评价方法的设计有助于这种学习方法的形成。综合汉语学习可以帮助学生通过独立活动提高语言水平。它是培养学生积极探索、团结协作、创新精神的重要途径，所以应该积极提倡。

（四）努力建设开放而有活力的语文课程

语文课程应继承语文教育的优良传统，面向现代化、面向世界、面向未来，应拓展语文学习和应用领域，使学生在不同的内容和方法上相互融合。通过渗透和整合，我们可以拓宽视野，提高学习效率，初步获得现代社会所要求的语言质量。语文课程应具有开放性、创新性和动态性，要密切关注学生的发展和社会现实生活的变化，尽可能满足不同地区、不同学校、不同学生的需求，制定符合时代要求的课程目标，开发适应性强的课程资源，形成相对稳定灵活的实施机制，不断适应、更新和发展。

第四节 小学语文课程的资源与教材

一、小学语文课程的资源

（一）小学语文课程资源的种类

小学语文课程资源是指有利于小学语文课程目标实现的因素和条件的总和。概括来说，小学语文课程资源主要包括以下几种类型（图1-3）。

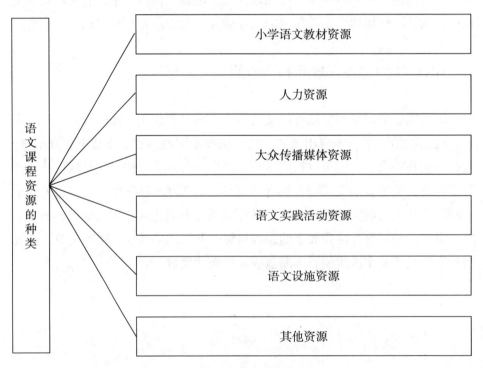

图1-3 小学语文课程资源的种类

1.小学语文教材资源

小学语文教材包括语文教科书、教学参考书、教学挂图、课外读物、字词卡片等传统语文课程资源。随着科学技术的发展和教学方法的现代化，语文教材的概念不断扩展，小学语文教材资源除了包括传统的资源外，还包括幻灯片、录像带、CD等，其中语文教科书是核心资源。

2.人力资源

人力资源包括教师、学生、家长和其他各行各业的人。人力资源在语文课程中占有重要地位。值得注意的是，教师和学生本身都是非常重要的教学资源。

3.大众传播媒体资源

大众传媒资源包括书籍、报纸、电影、电视、广播、互联网等，尤其是网络，它不仅是资源共享的重要手段，也是重要的课程资源。

4.语文实践活动资源

语文实践活动资源包括课堂内外、学校内外的各种语文实践活动。如写作比赛、单词接力比赛、故事会、报告会、演讲会、辩论会、研讨会等。语文实践可以拓展学生的视野，培养学生学习和使用汉语的能力。

5.语文设施资源

语文设施包括学校图书馆、资料室、阅览室以及各种标志和展览等。这些语言设施对学生的语文学习非常重要。

6.其他资源

其他资源包括自然景观、文物、习俗、国内外重要事件、家庭生活和学生的日常话题等。

（二）小学语文课程资源的开发与利用

《语文课程标准》强调："语文教师应高度重视课程资源的开发与利用，

创造性地开展各类活动，增强学生在各种场合学语文、用语文的意识，多方面提高学生的语文能力。"因此，注重语文课程资源的开发与利用，对全面提高学生的语文素养有着十分重要的意义。

课程资源的开发和利用有利于语文课程的实施和改革，有利于语文教师的专业发展。教师本身是非常重要的课程资源，是开发和利用课程资源的主力军。大量丰富的语文课程资源可以激发学生多方面的信息，调动学生运用多元意识参与语文学习活动。由于学生也参与课程资源的开发和使用，这就使得他们由被动的知识接受者变为了知识的建设者。这些都促进了学生语文学习方式的转变，有力地激发了学生的学习兴趣，深化了学生的学习，增加了知识，培养了技能，全面提高了学生的自身素质。

二、小学语文课程的教材

（一）小学语文教材的功能

概括来说，小学语文教材的功能主要包括以下几方面（图1-4）。

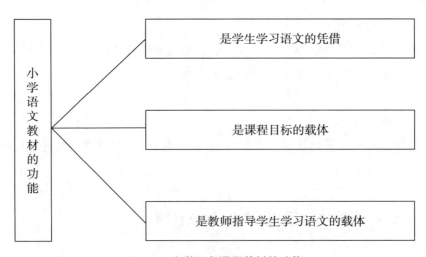

图1-4　小学语文课程教材的功能

1.是学生学习语文的凭借

好的语文教材不仅是教师教语文的"教本"，也是学生学语文的"学本"。如果教材内容是符合学生需要的，也是学生能力所及的，学生会对之感兴趣；如果在编排上按照学生认识规律和语文学习的规律组织内容，会有助于学生在日复一日学到的内容间建立有意义的联结，产生学习的"累积效应"。随着语文教学改革的深入，学生在语文教学中的主体地位日益突出，语文教材应该成为学生"学本"的教学观念也越来越深入人心。

2.是课程目标的载体

小学阶段语文课程有一个总目标，这一总目标在每个年级、每个学期如何落实，如何将每学期的目标具体化，并且有计划、有步骤地落实在整个学期的教学过程中，这些都是语文教材必须解决的问题。好的语文教科书应该注重语文素养包括语文知识和能力获得的逻辑序列，使教师看到一册教材，就能十分明确地了解到学生在这一个学期中需要达成的教学目标，以及这些目标达成的过程。依据这样的教材开展语文教学活动，就比较容易把握各年级各阶段语文教学的目标和任务，提高语文教学的实际效率。

3.是教师指导学生学习语文的载体

教材是教师教语文的依据。小学阶段语文教学的主要目标是提高学生的语文素养，因此语文教材不仅包含着培养学生语文能力的内容，还包含着开拓学生视野、丰富生活经验、提高学生人文素养方面的内容。语文教材不仅可以使学生获取语文方面的知识和技能，也是学生接受思想教育、陶冶道德情操、吸收各种思想养料的载体。语文教材一般由课文系统和练习系统构成，这两大系统为语文教学大体划定了内容，安排了教学程序和步骤，提示了教学方式和方法，它是全面实现语文教学目标的主要手段，也是教师指导学生学习语文的主要凭借。教师翻开教材，就能十分明确地了解到这一个学期的教学目标是通过哪些内容的教学达成的，全册教材的教学目标和教学内容之间有哪些内在联系以及教学内容如何循序渐进地完成。[①]

（二）小学语文教材的构成要素

小学语文教材的构成要素主要包括以下几方面（图1–5）。

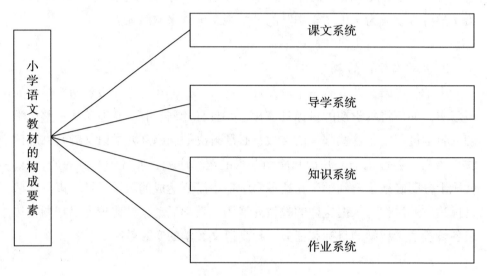

图1–5　小学语文课程教材的构成要素

1.课文系统

课文系统又称范文系统，是教材的主要组成部分。它是根据语文课程标准或教学大纲的文本选择标准选择的一系列课文。该系统在语文教学中起到了信息传递和示范的作用。

2.导学系统

导学系统，又称助读系统或提示系统，是对学习要求、重点难点和学习方法的提示，解释一些疑难问题，介绍作者，引用相关资料等。导学系统的

———————

① 吴忠豪.小学语文课程与教学论[M].北京：北京师范大学出版社，2004.

作用在于揭示编辑思想和意图，确定教学的目标。

3.知识系统

它是语文教材提供的基本语言知识体系，主要包括听、说、读、写、文体以及语言等知识。

4.作业系统

作业系统的主要作用是帮助学生巩固和应用所学的知识，它系统地为特定目标提供了各种思考和实践。作业系统中通常有四种类型：理解性的作业，用于消化和理解相关知识；背诵和记忆相关知识的记忆作业；培训和使用相关知识的应用作业；深入思考相关问题的研究性作业。

（三）小学语文教材的编写要求

小学语文教材的编写要求主要包括以下几点（图1-6）。

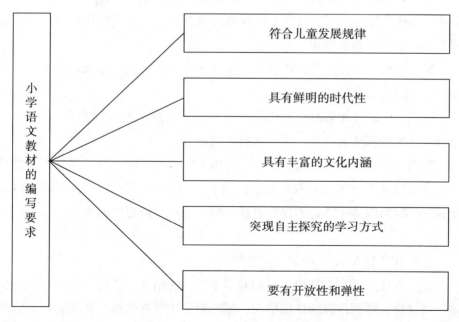

图1-6　小学语文教材的编写要求

23

1.符合儿童发展规律

小学语文教材的编写应该以促进学生的发展为中心。

第一，教材的选题应考虑儿童的认知发展规律，应该从学生的生活入手，更多地考虑学生熟悉世界的体验；要联系现实社会，逐步丰富学生的社会经验和生活经验，努力拓宽孩子的视野。

第二，教材的选择要考虑孩子的学习兴趣，追求丰富多样的体裁，选择更直观感性的作品。小学，尤其是低年级，应该保留相当比例的诗歌、童话、寓言、科普和儿童科幻小说，以吸引学生学习的兴趣。

第三，精美的插图设计与图文相结合，不仅能吸引学生，激发学生的学习欲望，还能帮助学生阅读和理解。设计有趣的语文活动，创设生动的情境，不仅可以激发学生的学习兴趣，调动学生学习的主动性和积极性，而且可以引导学生使用正确的学习方法，使学生在生动的情境中学习。

2.具有鲜明的时代性

鲜明的时代性主要表现在四个方面。

第一，教科书应该具有现代意识，反映时代进步和精神，关注当代文化生活，体现先进文化，体现具有时代特征的新思维，使学生接受新思维，形成符合时代精神的价值观。

第二，教材应及时反映语言、文学和语文教育的新成果和新理念，应用和传播新的语言学习知识和方法。

第三，应该使用新时代的语言，即人们所说的最新鲜的语言。这些语言可以使学生能够接受生动、实用和有用的教育。

第四，教材应充分重视信息技术环境下的学习方法，为网络学习提供机会，注重培养学生多方面获取信息的能力，自觉收集信息，自主处理信息。此外，教材的编排和装订不仅要有现代感，还要有世界性的追求。

3.具有丰富的文化内涵

语文教材应丰富人文内涵，培养学生的人文精神。因此，必须仔细选择每一篇教材，强调正确的价值取向，试图对学生具有潜移默化的影响；应该具有丰富的文化内涵，具有启发性。

应该充分考虑教材中的文化元素，为学生提供各种营养。可以从意识形态、道德、文化、美学、科学，特别是现代价值观、情感和理性的角度来思考这种文化的构成。语文教材肩负着丰富学生精神世界的责任。教材的编写要有意识地丰富学生的文化积淀，帮助学生建立自己的文化知识背景。

4.突现自主探究的学习方式

语文课程标准倡导自主、合作、探究的学习方式，提出了完整的学习内容，强调培养学生的语文实践能力和创新精神。针对这门新学科，应该积极探索教材的编写，并为教师提供具体的操作方案。因此，教学内容的组织应该有利于学生的自主性、合作性、探究性学习和综合性学习。

5.要有开放性和弹性

教材应开放灵活，要为各地学校和教师提供发展和选择的空间，为学生提供选择和拓展的空间，满足不同地区、不同学校、不同层次教师和学生的不同需求。这不仅是现代教科书编撰观念的深刻转变，也是避免教科书过于烦琐的重要途径。教材的开放性和弹性有利于学习的个性化，促进不同层次的学习；激发教师的创造力，促进教学；也有助于提高教材的适应性。教学内容应允许教师根据需要灵活沟通、补充、删除和调整；演习和活动应在不同层次上进行，并具有一定的选择性。自主活动设计指导应引导学生自主组织活动。只有减少约束，大胆放松，学生的独立活动才能丰富多彩。

第二章　小学语文教学概述

　　小学语文可以提升学生的理解能力、思维能力、语言组织能力等，是学好其他学科的重要基础。本章主要对小学语文教学的主要流派及基本原则、小学语文教学的常规工作以及小学语文教学的基本技能进行简要研究。

第一节 小学语文教学的主要流派及基本原则

一、小学语文教学的主要流派

概括来说，小学语文教学的主要流派包括以下几个。

（一）情境教学流派

江苏南通师范第二附属小学的语文特级教师李吉林是情境教学的创建者和代表人物。

情境教学是指语文教学应遵循反映理论的原则，充分利用形象，创造具体生动的场景，激发学生的学习情感，引导学生充分理解和运用语言。

1.情境创设的途径

在语文教学中创设情境主要包括六个途径（图2-1）。

（1）以生活展现情境

生活是指学生的日常生活世界；生活是语言的源头。

（2）以图画再现情境

以图画再现情境指的是真实情境的模拟性形象，如图片、幻灯、电影等。

（3）以实物演示情境

以实物演示情境，即学生能直接看到、听到、接触到的情境。

（4）以音乐渲染情境

以音乐渲染情境指的是与文本意境相匹配的音乐，来衬托和渲染文本，可以让学生更好地感受文本中的形象、画面及情感。

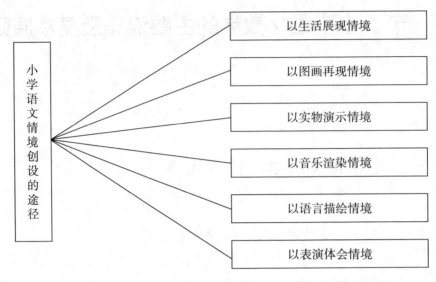

图2-1　小学语文情境创设的途径

（5）以语言描绘情境

以语言描绘情境指在教师形象化语言的作用下，学生通过对言语物质形式的感知及对语义思维、记忆和想象面进入特定的情境。

（6）以表演体会情境

文本是语言与情境的和谐统一，让学生通过扮演文本中的角色，增加学生对文本的体验，使理解变得更为容易和直接。

2.情境教学的特点

情境教学的特点如表2-1所示。

表2-1　情境教学的特点

情境教学的特点	具体阐述
形真	因为小学生特别是低年级学生往往都是通过形象去认识世界的，但语言本身是抽象的，让学生通过文本的语言文字如临其境，受到感染，同时体会语感。首先必须有鲜明的形象性，可见可闻，产生真切感。只有感受真切，才能入境，才能理解语言，体会语感。"形真"不是要求所有的情景都是实景，也不是要动用多种教具，是要求神似

续表

情境教学的特点	具体阐述
情切	即情感参与认知活动，充分调动学生的主动性。情境教学缺乏"情"，其"境"就会变得死板，徒具形式，只有"情深"方能"境活"。从教材来看，其作品主要选自名家名篇，都是文质兼美，表达的是"真事物""真感情"，对于小学生来说，学习阅读名家名篇就是通过语言文字，使学生在一定的情境中深切地体会和领悟作者的用笔之情，对自然、人物、事件的挚情，理解文本的深远意境，受到人文情感的熏陶
理喻其中	即蕴涵的理念。"动之以情，晓之以理"，是说"动情"是"晓理"的基础，"动情"是手段，"晓理"才是目的。教师要善于挖掘教材中情与理的因素，晓理并不是脱离文本讲道理，而是植根于文本之中的晓理。文本中对各种形象的塑造都寓有深刻的理念。情境教学就是从文本的中心出发，选择最能代表文本中心的各种形象来创设情境，使学生通过对形象的感知来揭示其中的理念

3.情境教学的原则

李吉林从整体出发，着眼于学生发展，提出在教学过程中的五个原则（图2-2）。

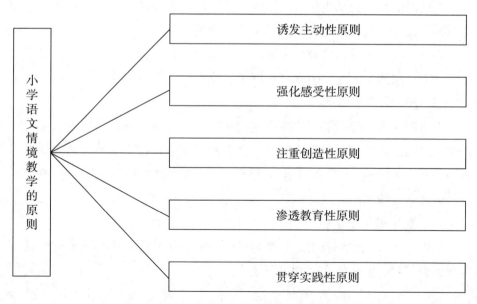

图2-2　小学语文情境教学的原则

（1）诱发主动性原则

学生是教学活动的主体，在课堂上能否主动地投入，是教学成败的关键。学生的主动性只是一种潜能，教学就需要将学生带入情境，使课文中描写的一个个人物形象栩栩如生地再现在儿童的眼前。

（2）强化感受性原则

也就是说，通过优化情境，引导学生从感受美的愉悦中感知教材。优化后的情境为学生呈现感性的生活场景、生动的画面、优美的旋律、角色扮演或身体演示。这些具体的生活图片是学生理解语言和情感色彩的认知准备。

（3）注重创造性原则

学生的创造性应该在语文教学中有意识、有目的地去培养，主要通过以下几方面来体现。

第一，提供丰富的表象，为组合新形象打基础。情境教学注重从学生的观察入手，在众多的观察活动中有效地培养学生的观察力，而观察力是进行创造性思维不可或缺的一种智能。

第二，注重想象，为创造新形象提供契机。情境在很大程度上是相似模拟，粗略而简易，为学生留有宽阔的想象余地。想象越丰富，对文本的理解就越深刻，合情合理的想象是凭借文本实现的。

第三，鼓励求异，培养思维的广阔性与灵活性。以观察为基础，着眼发展的教学思想体系，为学生学习拓展了思维空间。

（4）渗透教育性原则

小学语文教材除了语言文字表达的规范性和审美性外，还拥有丰富的文化性、情感性、思想性，其丰富的人文内涵对学生精神影响是深远的。人文内涵是文本的"脉"，是透过语言文字蕴涵于文本之中的情愫，因此教学不能脱离文本空谈感想。

（5）贯穿实践性原则

学生的语言能力和智力，只有通过逐步的训练才能形成，这个训练就是实践，应贯穿在整个语文教学过程之中。

（二）读写结合流派

广东潮州市潮安区浮洋镇六联小学的特级教师丁有宽是读写结合流派的创建者与代表人物。

1.读写结合的理论依据

读写结合的理论依据如表2-2所示。

表2-2 读写结合的理论依据

理论依据	具体阐述
体现了迁移的规律	迁移是指一种知识、技能的学习对另一种知识、技能学习的影响。丁有宽从读写对应的规律中，提炼总结出"读写五十法"，是通过"读"让学生学习一些语言知识，使学生掌握读写结合知识结构，为学习迁移创造条件
体现了语言规律的指导作用	语言规律是指组织语言的规律或法则。语言法则包括词法和句法，汉语主要倾向于研究句法，从句法研究用字、组词、造句，以至修辞及篇章方面的知识。丁有宽总结的"读写五十法"等，都是读写方面的基本规律知识，以语言规律知识为指导进行教学，显著地提高了学生的读写能力
体现了儿童的心理特点	丁有宽认为儿童的心理特点主要体现在模仿性、发表欲和遗忘性等方面。第一，模仿是儿童的天性，根据儿童的这一特点，语文教学在教材教法上把阅读和作文紧密地结合起来，并提供适当的范文。第二，儿童特别是低年级儿童具有强烈的发表欲，他们不仅有口头发表欲，而且通过一定时间的识字和阅读，积累了一些生活经验后，也有书面语言的发表欲，愿意把自己所见所闻用文字表达出来，读写结合正是满足了儿童的这一特点。第三，儿童在学习语言的过程中，容易出现学得快，忘得也快的问题。所以语文知识的学习必须在不断地巩固中进行，把学过的语言知识在新的课文中运用，在写作中运用，当学生形成一定的语言运用能力时，遗忘发生的速度就降低了

2.读写结合的基本经验

概括来说，读写结合的基本经验主要包括以下几方面（表2-3）。

表2-3　读写结合的基本经验

读写结合的基本经验	具体阐述
有的：杂中求精，打好基础	小学语文课程的知识尽管不够明晰，但依然有其内在的联系及规律，记叙文是小学语文教学学习和训练的重点，应该把教学重点放在记叙文上
有序：乱中求序，分步训练	丁有宽根据教学大纲对各年级的要求，以记叙文"五十法"为线索，以发展学生的语言能力和思维能力为中心，总结出"读写同步，一年起步，系列训练，整体结合"的系列训练模式
有点：华中求实，突出重点	丁有宽反对把语文课上成只追求形式的面面俱到，提倡从学生的实际出发，讲求实效，突出重点，精讲多练。围绕"五十法"的读写联系点，从三年级至五年级每学期设置8个读写训练重点项目，坚持胸中有全册，课有重点，点点相连，反复训练，逐步提高
有法：死中求活，交给规律	丁有宽认为教学的真谛在于，给学生"授之以渔"，他认为所谓"文无定法"的主张在小学语文教学上应慎用，主张小学生读写必须从有法到无法。他为此总结了许多小学生读写学习法，如识字歌、写字歌、审题歌、分段歌、阅读法、作文法、读写结合法

（三）智慧语文教学流派

智慧语文是薛法根提出的语文教学主张，而薛法根教学思想和风格的形成和发展，深深地得益于贾志敏、于永正两位教育前辈，他们是20世纪80年代在语文教育界产生深远影响的特级教师，至今仍活跃在语文教学的第一线。三位在教学思想、教学模式和教学风格上既独树一帜，又殊途同归。

贾志敏，小学语文特级教师，1978年后他的作文教学通过电视台风靡大江南北，1990年后其阅读教学也同样受到小学语文界广大师生的认可和喜爱，他是活跃在小学语文教坛的一棵常青树。

于永正，小学语文特级教师，被评为"国家有突出贡献的专家"，享受国务院颁发的政府特殊津贴。于永正自1962年开始从事小学语文教学工作，后又担任徐州市鼓楼区教研室主任，在小学阅读教学和作文教学上均有创见和建树。

薛法根，小学语文特级教师，1988年踏上工作岗位，仅十年就成为江苏省最年轻的小学语文特级教师。薛法根深受广大小学语文教师的喜爱，是因为他的语文课简约而又深刻，平常中拥有智慧。许多研究者欣赏和研究薛法根的课，是因为他的课体现了语文的规律和特点，是能够上升到学理高度的实践。总之，他的课舍去了许多浮华和造作，是广大教师可以看得懂并且可以学习的范例。[①]

1.智慧语文教学概述

智慧是快速、灵活、准确地理解和解决问题的能力。语文教学的智慧体现了语文学科的本质特征，关注小学生的特点，满足儿童的需求和兴趣，触动儿童的灵魂和精神世界，追求朴素、自然、潜能的境界。那么，具体到三位特级教师其教学思想和主张又具有哪些特点呢？[②]

贾志敏认为学生语感的培养，对于语文综合素养的提高具有举足轻重的地位。在语文教学中以语感的培养为切入点的原因主要包括以下几方面。

第一，语文课程的特点是工具性与人文性的统一，也就是说人文性是以工具性为基础的，脱离工具性的人文性，即丧失了语文课程的旨趣。因此，语文课程必须以语言性为基础，而语言性的落实，离不开语感的培养。

第二，培养学生的语感需要准确的语言刺激，增强语言敏感性，使学生在各种语言训练和应用中获得新的语言体验，实现语言的整体感知能力。由于汉语和英语的差异，语感在汉语学习中起着特殊的作用。它是一种单音节分析语言，依赖于词的滚动组合，并在特定的上下文链接中产生意义，这些意义是靠我们自己去意会的。

---

① 夏家发.小学语文教学设计与案例研究[M].北京：科学出版社，2012.
② 夏家发.小学语文教学设计与案例研究[M].北京：科学出版社，2012.

于永正提倡简简单单教语文，按照语文的规律教学。他把自己的教育思想归结为"五重语文"，即为：重情趣、重感悟、重积累、重迁移、重习惯。"重情趣"是要把握语文中的人文精神，体现其中的情趣。"情"指的是情感，是对学生有情，对语文教学有情。"趣"是指教师要把课上得富有趣味性。"重感悟"是语文教学规律决定的，实质上就是要把学习的权利交给学生，让学生在老师的指导下自己读书，自己去领会。"悟"要先悟其义，要读懂课文内容。"重积累"是语文工具性的需要，也是学语文最基本的策略和方法。积累不仅包括语言的积累，还包括生活的积累和感受（重情感）的积累。"重迁移"是指重举一反三、学以致用、增强语文的运用能力。"读写结合，有机有效"是于永正阅读教学的一大亮点。指导学生进行"由读到写"的迁移，先引导学生模仿借鉴，然后根据所学课文特点，进行片段仿写。"重习惯"是要重视激发起学生的兴趣，养成良好的习惯。

薛法根提出语文教学应充分发展学生的言语智能，让语文课堂教学清晰起来。他致力于把教学重心从课文的思想内容转移到语文能力的发展上，把目光聚焦在语言文字上，通过课文内容学习其中的语文知识，进而通过相应的语文实践，形成并发展学生的语文能力。

2.智慧语文的教学模式

（1）贾志敏的教学策略

第一，用汉语的组合规律，在读写结合中培养学生的语感。

第二，将阅读的文本重构在师生的平等对话中，培养学生的语言。

第三，以当场的语言诊断，在生成中培养学生的语感。

第四，以出色的语言示范，在语言实践中提升学生的语感。

（2）于永正的教学模式

于永正在阅读教学中贯彻"以读为本"的宗旨，以"课—法"为原则。其教学模式包括三个环节。

第一，自读自悟。一般包括导入、自读两个部分。

第二，反馈点拨。基本要求是在把课文读得正确、流畅的基础上，通过老师的点拨，达到内化语言的目的。

第三，迁移应用。迁移应用是教学的目的。一是读的迁移，二是写的迁移，注意读写结合，阅读课重视小练笔、低段造句、高段写段和片段仿写。除此之外，还包括笔答某一个问题，写字、抄写词语和课文等，写的训练因文而异，形式多样，丰富多彩。

（3）薛法根的教学模式

薛法根提出组块教学的策略，是以发展学生的语文运用能力为主线，将散乱的教学内容整合成有序的实践板块，促进学生的言语智能充分的发展。

（四）生命语文教学流派

武凤霞，小学语文特级教师，国家级骨干教师，从1996年起她开始在河南省乃至全国崭露头角，在《人民教育》《中国教育报》《中国教师报》等刊物发表100多篇文章。武凤霞提出"生命语文"观，认为语文课程作为母语，作为基础学科，其第一要务是教学生学会说正确的中国话，会写漂亮的汉字，会书写通顺生动的文章，另外，还有一个重要任务——教学生学会做人。具体来说，就是让学生拥有一个健康的身体，一颗自由的灵魂以及多元的思维方式。

1.生命语文教学概述

武凤霞从学生全面发展的高度出发实施语文教学，认为工具性与人文性是语文学科的两个方面，不能截然分开。语文课堂是为学生的生命成长奠基，应从"长身体""善学习""会生活"几个方面关注学生的发展。

（1）长身体

"长身体"强调关注学生的身体发育是每一个老师的责任。语文课上要重点关注学生读书写字以及站立的姿势，因为挺拔的身躯、良好的气质都得益于平时习惯的养成。关注每一个学生的身体健康是生命语文最基本的出发点。

（2）善学习

"善学习"包括以下四个方面（表2-4）。

表2-4 善学习

"善学习"的四个方面	具体阐述
习得良好的学习方法	生命语文应着眼于学生未来发展的需要，为其终身学习奠基。教师在课堂上要时时关注学生的学习需要，产生真正符合学生学习需要的方法，让学生拥有方法，达到学以致用
具备主动接受别人学习成果的能力	这种能力表现在课堂上是学会倾听，善于学习的学生都是擅长倾听的，通过分析判断产生自己的思想，交流分享彼此的感受
让学生在课堂上有思考的欲望	生命语文要求老师在备课中预设一些具备挑战性的智力问题，诱发学生去思考，体会文本的意义。学生有了思考的欲望，便有了学习的动力。一个个思考的欲望连接起来就是一种思考的习惯
追求对学生心灵的体贴	教师要根据孩子的年龄特点、心理特点和文本的价值特点对学生进行人文主义教育。生命语文是要在课堂上、在学生的心中种下一份善良，一份仁爱，一份对生命的虔诚

2.生命语文的教学模式

武凤霞认为她的课堂不会形成一种固定的模式，模式化的课堂会让学生感到语文的索然无味。武凤霞坚守的是真正好的教学不能降低到技术层面，真正好的教学来自于教师的自身认同，展现的是"以学定教，顺学而导"的境界。如果要总结武凤霞课堂教学所包含的技术性要素，可以体现在以下几方面（表2-5）。

表2-5 武凤霞课堂教学所包含的技术性要素

技术性要素	具体阐述
课前准备	武凤霞在正式上课前喜欢给学生提供几组词语或成语。看似随意，实则精心，是为正式上课做准备、做铺垫，有利于丰富学生的语言，变消极语汇为积极语汇
教学导入	导入环节的关键是让学生入境，旨在拉近学生与文本的距离，与教师的距离

续表

技术性要素	具体阐述
有坡度的研读	武凤霞的阅读课一般从内容和形式两个方面去体现。不同文体的课文教学的策略亦不同，诗歌教学重表现意象，教学侧重有层次的诵读，从读正确到读出节奏，再到有表情朗读。每一遍都目的明确，旨在体会诗歌的律美以及诗歌所蕴含的情感。记叙文和散文的教学，则侧重有层次的研读，从初读感知课文内容，深读感受课文的意蕴和精髓，品读领悟课文的匠心独具
升华与运用	根据文本的特点，或扩展文本资源，升华文本，或鼓励学生在文本学习的基础上，用心灵去倾诉和表达

二、小学语文教学的原则

概括来说，小学语文教学的原则主要包括以下几方面（图2-3）。

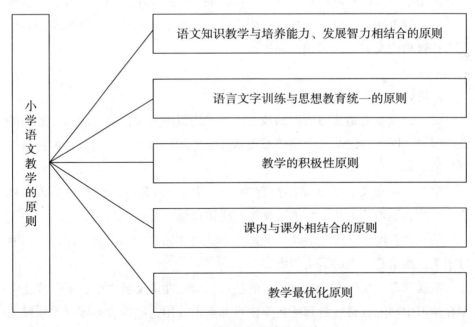

图2-3 小学语文教学的原则

小学语文教学的原则

- 语文知识教学与培养能力、发展智力相结合的原则
- 语言文字训练与思想教育统一的原则
- 教学的积极性原则
- 课内与课外相结合的原则
- 教学最优化原则

（一）语文知识教学与培养能力、发展智力相结合的原则

1.含义

（1）语文知识教学与智力

智力是人的认识方面综合性的心理特点。它是观察力、记忆力、想象力、思维力、注意力等因素的有机结合。以思维与语文知识学习为例，语言是思维的外壳，人是通过词语、句子、段、篇等语言形式来明确概念，对事物进行判断和逻辑推理等思维活动，语言是表达思维的工具，而思维是语言发展的主要原因。思维活跃才能语言丰富，思维合乎逻辑，语言表达才能条理清楚。因此语文知识教学和智力发展，两者互为条件，相辅相成。

创造力是智力高度发展的表现，智力偏重于认识方面，着重于正确的认识，创造力着重于创新和发现。一定水平的智力是创造力发展的必要条件，但智力高的人不一定创造力很高。语文教学过程中应注意培养学生的创造性思维。

（2）语文知识教学与能力

智力、知识和技能是语文能力形成的基础。例如，除了敏锐的观察力、丰富的想象力和严格的逻辑思维外，写作能力还必须掌握写作的知识、技能和技巧，如审题、立意、选材等。语文能力发展了，必然有助于语文知识的获得和智力的发展，两者相互促进。

2.实施

第一，思维力是智力活动的核心，也是构成语文阅读能力和习作能力的核心因素。因此，语文教学中要重视培养学生的思维力，尤其要重视创造性思维的培养。

第二，在语文知识教学的过程中，运用比较、分析和综合、抽象和概括、归纳和推理的方法，将语言学习和思维训练结合在一起。

第三，创设语文实践活动。教师应拓宽语文知识的学习和应用领域，通过语文实践培养学生的语文能力。

第四，尊重学生在学习过程中的独特体验。在语文教学中，不仅要让学生在学习中理解教材或教师的教学内容和观点，用这些内容和观点来解释或解决一些现象或问题，还要鼓励学生创造性地思考和行动，鼓励学生提出自

己的观点，营造有利于学生创新的课堂教学氛围。

（二）语言文字训练与思想教育统一的原则

1.含义

语文训练与思想教育的统一有两层含义：第一，语文的形式与内容密不可分。第二，在语文教学过程中，语文教育与思想教育必须统一。

2.实施

（1）潜移默化

小学生学习语文从学拼音、识字、学词、学句到理解一篇篇课文，从写句子、写片段到写成篇的作文经历了由浅入深、由表及里、由简单到复杂的认识和实践的过程。教师要一步步地扩展他们的知识，教给学习方法，培养观察、思维、理解、表达的能力，与此同时渗透思想教育。

（2）形象感人

语文教材中所选的文学作品以具体生动的形象反映了社会生活，通过这些图像，思想教育可以取得较好的效果。因此，在语文教学中进行思想教育，必须把握文本中的文学形象和自然形象，运用形象语言进行教学。语文教材中典型的文本选择是作者情感的产物。教师引导学生理解和分析文本，帮助学生理解作者的思想和感受，产生感人的效果。

（三）教学的积极性原则

1.含义

在语文教学中，要最大限度地调动学生的学习积极性，争取学生的最大合作。

2.实施

（1）要建立新型的师生关系

语文教学中，教师要有正确的学生观，能够与学生进行平等对话。创设民主、和谐的课堂气氛，提高学生主动参与学习的积极性。在民主、和谐、轻松的学习气氛中，学生乐学、爱学。

（2）努力做到因材施教

教师在统一要求下，应坚持因材施教。既要面向全班，又要照顾个别；既为程度高的学生创造提高的空间，又要对学习能力弱的学生进行个别辅导，使其达到教学目标。

（四）课内与课外相结合的原则

1.含义

"课内"是指语文课堂教学，包括课堂教学、课前预习、课后考试和家庭作业；"课外活动"是指课外阅读等活动。学生将课堂上学到的语言知识和技能应用到实际生活中。课外语文教学经过测试、巩固和发展，创造了自由活泼的学习环境和氛围，拓宽了学生的知识视野，有利于学生的个性和专业发展，促进了课堂语文学习。

2.实施

（1）得法于课内，得益于课外

这是语文特级教师于漪总结的经验，即学生在课内获得学习方法、语言知识，要在课外加以运用、扩展、加深，在实际生活中得益，也就是坚持课内指导课外。

（2）开展丰富多彩的语文课外活动

将课外活动纳入语文教学计划，与课堂教学紧密配合，设计丰富多彩的活动，如课外阅读、演讲比赛、辩论、故事阅读和歌唱等活动。

（五）教学最优化原则

1.含义

教学最优化原则是指在语文教学过程中，综合控制并制约教学效果的因素，优化教学，达到最佳教学效果。教学最优化有两个标准。

第一，效果标准，即每个学生在一定时期内，在语文知识、能力诸多方面发展达到的水平。

第二，时间标准，即师生遵守学校规定的课堂教学和家庭作业时间的定额。

2.实施

（1）综合的规划教学任务

教学最优化必须以掌握学生的基本语言知识为指导，确保教育、教学和发展任务的统一实现。

（2）全面考虑教学中的各个因素

教学过程是一个复杂系统，要使这个系统成为有机的系统，就必须保证各要素之间的有机联系。语文教学过程中，教师如果能正确地处理目的、内容、方法等因素之间的关系并随时加以调整或改进，学生一定会在各方面取得积极的效果。

第二节　小学语文教学的常规工作

小学语文教师要做的工作有很多，但常规工作却可以概括为以下几项，当然，不同时期被认为是常规工作的项目是有变化的。

一、备课

备课也就是上课的准备工作。广义的备课是一个漫长的知识累积与技能准备过程。这里所说的备课，主要是指针对具体教学任务、内容、对象所做的准备工作。那么，如何才能备好课呢?蒋蓉认为可用"七字诀"的方法来进行备课，即悟、解、参、联、明、选、写。[①]

（一）悟

悟即领悟新课标。课程标准是由国家教育行政部门，根据教育方针和课程计划制定的一定学段课程水平及课程结构的纲领性文件，是教师备课的指南。因此，教师备课之前，首先要领悟《语文课程标准》。

（二）解

解即解读教材，解读教材即通过阅读感知、理解和评价教材。理解教材、解读教材，是备好课的关键。

解读教材的顺序是从全局到部分，具体步骤如下。

第一，浏览全册教材，把握基本结构和内容。

第二，研究整组，掌握训练序列与重点。

第三，钻研每篇，吃透内容与知识点。

（三）参

参即参考资料。除了解读教材外，备课还需要参考大量的资料，如有关作者的生平简介、代表作品；所学课文的背景资料、文体资料；课文中涉及

---

① 何芙蓉，刘星.小学语文课程与教学[M].成都：西南交通大学出版社，2015.

的任务及学生可能会有疑问之处的相关资料等。对于参考资料，教师要注意博览、精选和妙用，切忌本末倒置。

（四）联

联即联系实际。进行备课，要联系的实际包括以下几方面。

第一，学生的生理特点。

第二，学生的学习倾向、学习风格、学习态度等。

第三，语文学习的基本情况。

第四，生活实际。

第五，语文的学习环境等。

（五）明

明即明确目标。教学目标是教学的出发点，还是教学的归宿点。教学目标不仅制约着教学设计和实施的方向，制约着教师对教学的加工和教学程序的确定，而且具有心理功能，它可以使学生不断接近目标，给学生满足感，增强其自信心。要做到小学语文教学过程的科学化和教学结果测评的客观化，必须明确教学目标，科学地编制教学目标，实施教学目标。

（六）选

选即选择方法。要顺利实现教学目标，必须善于选择最佳的教与学的方法。对一堂课而言，常用的教学方法有讲投法、直观法、情景教学法、激发兴趣法等。选择教学法的时候，应注意以下几方面。

第一，教学方法的选择受教学目标和教学内容的制约。

第二，教学方法要符合学生实际和语文教学的规律。

第三，教学方法的选取要有助于学生自主、合作、探究、创新能力的培养。

第四，教学方法要形式多样，能激发学生的学习兴趣。

第五，要讲究时效性和适用性。

第六，要根据教学情境变换教学方法。

（七）写

写即写教案。一般来说，教案包括以下基本内容（表2-6）。

表2-6　教案的基本内容

教案的基本内容	具体阐述
课题	即所教课文的题目
教学目标	要从知识与技能、过程与方法、情感态度与价值观三维度进行设计
教学重难点	教学重点是指为了达到教学目标而应重点指导的内容，受教学目标的制约。教学难点是指学生学习的困难所在，主要依据学生的实际情况而定。有时候教学重难点可以是一致的
教学方法	即未完成教学目标所采用的策略
教具准备	课堂教学中使用的多媒体、挂图、录音机、实物等辅助手段
教学时间	即完成一篇课文或者一段教学内容所需要的学时数
教学过程	这是教案的主体部分，包括教学步骤与环节（复习巩固、导入、新课讲解、提问与讨论、结课、练习等）、教学内容、教学方法、时间分配、作业设计等
板书设计	即黑板上要写的教学信息
教学反思	一节课或一个学习单元结束后，要马上进行回顾反思，分析得失，勤笔勉思，总结提高，以便借鉴积累

二、上课

上课也叫课堂教学，是整个教学工作的中心环节，也是教学的基本组织形式。正因为上课的重要性，上课技能也就成为师范生必须掌握的基本技能，上课也就成为评价教师、选拔教师的重要形式。

（一）上课的基本要求

考虑到课堂教学各方面的要素，我们可以把课堂教学的基本要求概括为以下几方面（图2-4）。

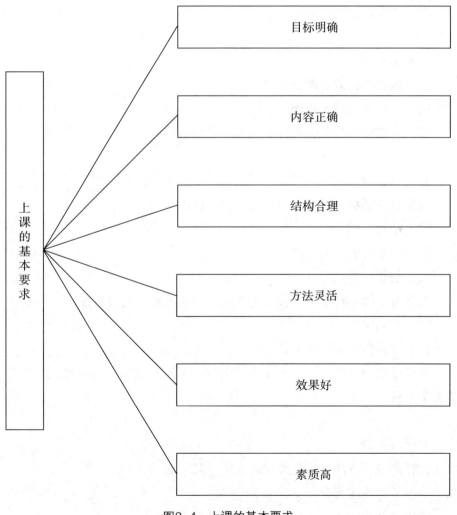

图2-4 上课的基本要求

1.目标明确

课堂教学的目标明确应表现在以下三个方面。

（1）指向明确

课堂上师生的每项活动都应该有明确的指向，要指向教学的目标，而不是漫无目的、随意发挥。

（2）全面落实

要尽量使学生有多方面的收获。

（3）深度恰当

既不拔高也不降低教学要求。

2.内容正确

这里的内容正确有两个含义。

第一，对教材理解正确、无误。

第二，能科学地、创造性地处理和运用教材。

3.结构合理

课堂教学结构合理的要求主要表现为以下三点。

（1）结构完整

不缺少必要的、基本的环节。

（2）逻辑性强

各部分（教学环节、步骤等）之间，层次清晰，过渡自然。

（3）时间紧凑

教学过程各部分时间安排恰当。

需要注意的是，不同类型知识的学习有不同的规律，因而教学过程不可能完全一样。

4.方法灵活

概括来说，方法灵活主要表现在以下几方面。

（1）学生主体充分

学生是课堂的真正主角，能积极主动地学习。

（2）教师主导恰当

教师在整个教学过程中能充分发挥以下主导作用。

第一，善于启发，导出问题，引导思考。

第二，善于示范、讲解，抓住关键，突破难点。

第三，能够合理评价、鼓励，因势利导。

5．效果好

课堂教学中的效果好有两个层次的指标。

第一，气氛活。课堂气氛和谐融洽，多维互动环节不乱。

第二，质量高。学生学得好，目标达成度高。

6．素质高

教师在课堂上较好的素质表现对教学效果起着非常重要的作用。教师课堂上"素质高"主要表现在以下几个方面。

第一，知识面广。知识丰富，专业知识扎实。

第二，教态大方。教态自然、大方，态度和蔼、亲切。感情真挚、健康。

第三，语言规范。普通话标准，表达准确、简洁、生动。

第四，板书精当。板书规范、简洁、有效、美观。

第五，调控力强。富有智慧，思维敏捷、灵活，课堂驾驭能力强。

（二）上课的基本环节

上课，从课型上看，可以分为新授课、练习课、复习课等，但是一般而言我们讲的上课是指新授课。新授课一般具有预习、导入、新授和结课四个环节（图2-5）。

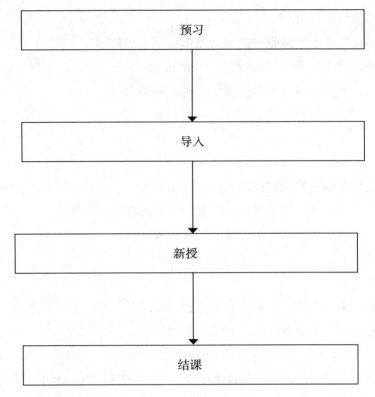

图2-5 上课的基本环节

1.预习

预习是学生做好学习准备的必要组成部分，是学生运用自己的心力，尝试去了解学习内容的重要阶段。指导学生做好预习，应该要根据新课标的要求及学生的实际，有计划地提出预习的具体要求，同时要能指导学生通过阅读课文、查字典、画圈等方式进行预习，另外，教师要能进行多方式的检查。

2.导入

导入也叫导课，是在学习新的内容或活动开始时，教师引导学生进入学习状态的行为方式，是实际教学的前奏。

（1）导入的要求

导入要新颖、有趣、简明、有针对性。

（2）常见的导入方法

常见的导入方法如表2-7所示。

表2-7　常见的导入方法

常见的导入方法	具体阐述
游戏导入法	主要是根据学生的年龄特征及所学的内容，采用儿歌、猜谜语、绘画、唱歌、角色表演、游戏等形式导入新课的一种方法
直观导入法	即在授新课之前，首先出示实物、模型、标本、图表、电影等直观材料，把教学的主要内容生动形象地展示出来，使学生获得具体感受，从而引起学生高度的注意和思考
复习导入法	即通过复习巩固旧知识，引导学生去发现新问题，从而巧妙地引入新课的学习内容
故事导入法	教师根据教材内容的需要，通过采用形象的语言描述神话、传说、典故、趣闻逸事等的导课方法
直接导入法	上课一开始，教师就把本节课所要讲授的内容和所要达到的目标揭示出来，让学生自始至终围绕这一中心听课、思考
情景创设法	运用一些手段，创设一种生动感人的教学情境，使学生为之感动，产生共鸣，从而更好地进入新课学习的一种导入方法。这种方法通过"境"来表现"情"，通过"情"来深化"境"，使学生在特定的氛围中受到感染，自然而然地进入意境。导入的方法实际上还有很多，但是需要教师根据教材内容和学生的实际情况来选择

3.新授

新授是上课的主体环节。这一环节，教师要抓住重点、难点，对学生进行语文素养的培养。教师的提问、讲解要与学生的参与、交流和体验有机结合，让教师的主导和学生这一主体有机整合，从而达到有效教学。

（1）提问

提问是指在教学过程中，教师有意向学生设置问题，引起学生的思考及言语反映，以实现教学目标的行为方式。

①提问的要求

概括来说，提问的要求主要包括以下几方面。

第一，提问要有层次、有价值。

第二，问题的表述要准确、清楚。

第三，提问要紧扣重点、难点，具有针对性。

第四，提问要难易适度，新颖，切忌太难或太易。

第五，提问后要给学生充分的思考时间和准备时间。

第六，提问要面向全体学生，尤其要兼顾学困生和后进生。

②提问的要点

提问最主要的是"问什么"和"怎么问"这两个问题。

问什么：问什么即问点的选择。问点，是提问的切入点。教师可以从两个角度着手。

第一，从教材考虑，抓关键点、疑难点和含蓄点。

第二，从思维训练的角度考虑，体现训练的价值高处和阶梯式的层次。

怎么问：怎么问即提问的技巧。

要掌握提问的技巧，首先要了解提问的类型。通过长期的教学实践总结，提问的类型主要包括以下几种（表2-8）。

表2-8　提问的类型

提问的类型	具体阐述
叙述型	为了对课文中重要的叙述或描写的事物形态及其变化有清楚的认识及深刻的印象，问题常用"是什么"或"怎么样"引出。这一类问题只要求学生根据教材内容和自己的观察记忆作出必要的叙述
分析型	要求学生对"为什么""是什么原因"等问题作出有理有据的分析
归纳型	从具体事实中抽象概括出规律性的东西，如课文的中心思想等
演绎型	要求学生将概念具体化，常用"表现在哪里"等引出问题
评价型	为了训练学生的分析和判断能力，让学生对课文中的人物或者事件作出确切的评价
综合型	是对前面两种或者两种以上提问类型的综合

③提问的技巧

提问的技巧如表2-9所示。

表2-9 提问的技巧

提问的技巧	具体阐述
由浅入深，连贯追问	即抓住课文的关键处不放，提出一系列相互连贯的问题，并层层深入
横向展开，促进迁移	对思维有难度的问题，教师应先提出情境相似的、学生熟悉的问题，使学生利用已有的思维模式去思考类似的问题，从而达到迁移的目的
揭示矛盾，引起思索	"矛盾"是指对立的双方，揭示矛盾，能形成一种认知的冲突，有利于激发学生的求知欲望。而在课文中，矛盾又是很多作者有意安排的精妙之笔
删繁就简，直入重点	提问要增强整体性和凝练性，可以采取加大问题的容量或变顺向为逆向的方法，合并、精简问题，取得较好效果
搭"桥"铺"路"，化难为易	针对难度较大的问题，教师要准备一些铺垫性的问题，帮助学生走出困境

（2）讲解

讲解是教师以讲授、解说的形式把确定的教学内容呈现给学生的方法，以解惑为目的。

①讲解的要求

讲解要用普通话，准确、流畅、精练、形象、适时、抑扬顿挫。

②讲解的方法

讲解的方法如表2-10所示。

表2-10 讲解的方法

讲解的方法	具体阐述
寓讲于说	就是要把讲的内容启发学生说出来。把教师的讲解变成学生的讲解。如此一来，既可以使学生对课文有深刻的理解，又训练了学生的口头表达能力

续表

讲解的方法	具体阐述
寓讲于读	对于新课文，只要教师引导得法，学生就完全能自己阅读，当然，教师也可以把讲解隐含在引导学生的阅读领悟中去，引导学生凭借语境读懂课文
寓讲于演	教师把讲解寄托在学生的表演之中。语文课程基本理念中提出要"努力建设开放而有活力的语文课程"，"注重跨学科的学习"。因此，把表演引入语文课程会使语文课堂生动、有趣、充满活力

4.结课

结课，也叫教学小结，是在完成教学任务后对教学内容进行总结归纳的教学行为，是课堂教学必不可少的环节。

（1）结课的要求

结课应水到渠成，紧扣中心，简洁有力，生动有趣。

（2）常见的结课方法

常见的结课方法主要有以下几种（表2-11）。

表2-11　常见的结课方法

常见的结课方法	具体阐述
点睛式	也叫"画龙点睛"法。在课堂教学的结尾，教师用精练的语言对课文的关键点、重难点进行点染、升华，使学生完成从感性到理性的飞跃，给学生以有益的启发
总结式	教师用准确简洁的语言，提纲挈领地总结课文内容。教师可根据具体情况进行总结，如抓住重点直接总结；用板书进行总结等；也可以让学生谈谈收获或体会
畅想式	讲授结束后，引导学生对所讲内容的某一个方面，展开想象的翅膀，畅谈自己的看法，从不同角度发表自己的意见。教师可暂不做评论，让学生依据课文的主题、基调，自己寻找结论，形成某种悬念，点燃学生智慧的火花
延伸式	课堂结束前，为了拓宽学生的视野，教师引导学生跳出教材，把眼光引向课外，让学生自己获取知识。此外，也可以结合教学内容，鼓励学生自主探究。或要求学生用所学知识进行实践，或指导学生读原著等

三、说课

说课是教师口头表达某一学科的教学思想和理论基础的一种教学研究和教师培训活动，即教师在备课的基础上，系统地讲述自己的教学思想和理论基础，然后由听者进行评论，实现相互沟通、共同提高的目的。

（一）说课的环节

说课主要包括五个环节：说教材、说学生、说教法、说学法、说教学过程（表2-12）。

表2-12　说课的环节

说课的环节	具体阐述
说教材	说课就是要说明自己对教材的理解。说教材的目的一是确定学习内容的范围和深度，并阐明需要教授的内容。二是揭示学习内容中知识与技能的关系，为组织教学秩序、学习"教"奠定基础
说学生	说学生主要就是一个学情分析，包括学生的学习基础、学习习惯、学习风格、学习能力、学习方法等，并以此作为选择教学方法和设计学习方法的依据
说教法	说教法主要就是说清楚"怎么教"和"为什么这样教"的问题。说课者要解释清楚选择用什么教学方法去实现教学目标，怎样处理教与学、讲与练之间的关系；如何在重难点上进行点拨；如何在能力上进行强化等。这一环节是根据上述环节自然延伸的结果，是上述环节的"必然流露"。这一环节只要"点出"本节课执教的教学方法和指导学生的学习方法即可，可以"从简"，但不可"忽略"
说学法	说学法即说明学生"怎么学"与"为什么这样学"的道理。说课者要阐释清楚教师如何激发学生的学习兴趣，调动学生的积极思维，以及怎么样根据学生的实际情况与教材的特点运用哪些学习规律，指导学生进行学习
说教学过程	这是说课的重点。主要说明教学结构的总体设计、结构安排、教学环节处理、板书设计，而且要说明每一步设计的目的。这一环节需要说出教具准备情况、教学流程主要环节的概括和具体的教学活动的安排、重难点的把握、小结等

（二）说课的意义

说课具有重要的意义，概括来说主要包括以下几方面（图2-6）。

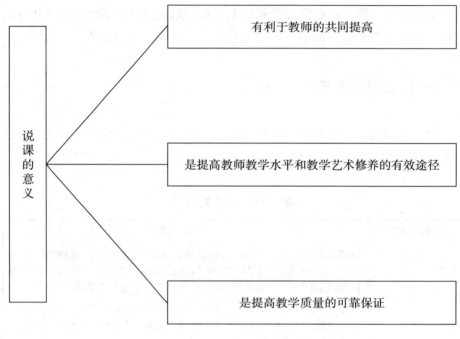

图2-6　说课的意义

1.说课有利于教师的共同提高

一些优秀的教师对教学理论的运用、对教材的理解、对教学方法的选择、对学法的设计以及对教学结构和教学时间的安排都有独到之处，其教学设计也具有示范性。通过说课，以充分展示他们的教学理念和教学风格，而对于缺乏教学经验的教师，尤其是刚参加工作的教师而言，具有潜移默化的作用。所以说，说课有利于教师的共同提高。

2.说课是提高教师教学水平和教学艺术修养的有效途径

说课提供了学习、交流和共同研究的场所，能把教师个体的教学思维置于集体的评议中，说课者和评议者面对面学习和交流，说课者从中吸收评议的意见，评议者从中也可受到启发。因此，这对于提高教师教学水平和教学艺术修养具有重要作用。

3.说课是提高教学质量的可靠保证

说课活动中，说课者既要述说"教什么"的具体内容、"怎么教"的具体策略，同时还要述说"为什么这样教"的理论依据。通过说课，就可以让教师在探讨研究中去发现问题，并修正不合理的教学环节和教学内容，从而使教学设计更合理。

四、听课

（一）听课的类型

听课是学校教研活动的主要形式之一，也是教师应具备的基本功之一。根据听课的目的来分，听课主要有四种类型（表2-13）。

表2-13 听课的类型

听课的类型	具体阐述
检查型听课	以检查教师的教学思想、理念、态度、水平、质量为目的的听课
研究型听课	以研究教学理念、教学方法、揭示教学规律为目的的听课
调研型听课	以研究、探讨有关教学问题或了解教学改革实验进展情况为目的的听课
观摩型听课	以总结和学习教师的教学经验和教学风格为目的的听课
辅导型听课	以帮助年轻教师提高教学水平为目的的听课

（二）听课的要求

听课的要求主要包括以下几方面。

1.做好听课记录

第一，要确定好听课目标，制订好听课计划，安排好听课时间。

第二，要了解听课的教学内容、教学设计。

第三，要准备好专门的听课记录本。

2.全神贯注听课

在听课过程中，要虚心学习，集中精力，认真注视全过程，仔细分析每一细节。眼、耳、手、脑并用，边看、边听、边思考、边记录。学习教学特色，找出不足之处。

五、评课

评课，即教师听完课后，一起评议、交换意见，共同研究改进措施的过程。

（一）评课的要求

评课要及时、认真，语言中肯、有理有据、实事求是，充分肯定优点、分析不足，共商改进措施。

（二）评课的内容

评课的内容如表2-14所示。

表2-14 评课的内容

评课的内容	具体阐述
评教学目标	教学目标是上课的出发点和归宿，也是上好一堂课的首要条件。因此，评课的时候，一定要看教学目标是否明确、具体、可操作，同时还要看教学目标是否符合学生的年龄特征、是否符合教材的要求，是否体现新课程标准中的教学理念等
评教学内容	这一环节主要包括教学重点是否突出、教学内容的安排是否恰当、是否体现了新的教学理念、教材的处理是否合理、是否熟悉教材、是否熟悉新课程标准的要求等
评教学过程	教学过程的评价，可以从以下方面进行：教学方法的使用是否得当，教师是否善于通过多种教学方法的互相配合、灵活运用，调动学生的学习积极性；现代教学手段的使用是否恰当、适度；教学过程中学生的主体地位是否得到尊重和充分体现学生的学习态度、学习状态；师生互动是否和谐、积极；教学环节的处理是否顺畅、自然
评教师的教学素养	第一，教态是否大方、亲切、自然，仪表是否端庄； 第二，教学语言是否规范，是否使用普通话，是否富有启发性和引导性； 第三，组织教学的能力如何，是否注重及时反馈； 第四，专业知识是否丰富、专业技能是否娴熟，是否有错误
评教学效果	这包括教学气氛是否和谐、师生关系是否融洽；学生在知识、技能、情感等方面是否得到一定的提升

六、辅导

辅导是因材施教、实现"面向全体"要求的重要措施，是教学工作不可缺少的重要环节。辅导既可集体辅导，更应个别辅导，在此主要指个别辅导。结合目前课改有关精神，"辅导"的基本要求应该是：面向全体，因材施教；遵循规律，科学引导。

（一）面向全体，因材施教

面向全体，是素质教育的基本要求；因材施教，才能真正实现面向全体。因材施教主要体现在"个别辅导"这一环节上。教师要承认学生的个体差异，除了对学生提出一般要求外，还要对不同水平的学生提出不同要求，并分别给予不同的指导，让各类学生都有进步。当然，辅导要特别关注后进生，要把重点放在辅导后进生上。辅导后进生，首先要相信学生是能够得到发展的，切不可放弃任何一个"智力迟钝"或"后进"的学生。

（二）遵循规律，科学引导

辅导要遵循教育规律，应该特别注意以下几方面。

1.要注意调动学生的积极性

对后进生应以启发自觉、调动学习积极性、培养兴趣为主。特别要看到后进生的点滴进步，放大他们的优点，使他们树立信心，要注意通过培养阅读兴趣来辅导后进生。

2.要注意辅导形式

辅导的形式主要包括以下几种（表2-15）。

表2-15　辅导的形式

辅导的形式	具体阐述
课间辅导	即利用课间对极个别学生的辅导。这类辅导主要指对行为方面出现了较严重问题的学生进行的辅导，其他问题一般不能用这个时间进行辅导，以免影响学生休息
即时辅导	即在课堂听讲、练习等活动中，对特殊学生的特别关照，特别是对后进生的关注和及时指导与帮助。不要让后进生变成课堂上的局外人
周结辅导	即利用学校统一规定的培优补差或兴趣组活动时间，对不同类型学生进行辅导。当然应控制集体辅导人数
家访辅导	即对学习困难或行为有问题的特殊学生跟踪到家中进行的辅导。这种辅导是非常必要的。家访能拉近学生与教师的距离，自然有利于学生的进步。当然，家访切不可告状，否则，不但达不到辅导目的，反而会使学生疏远教师，更加"后进"

七、评价

评价是检查教学效果、了解教与学的情况、改进教学工作的重要环节。小学语文教学评价时应遵循以下原则（表2-16）。

表2-16　小学语文教学评价的原则

小学语文教学评价的原则	具体阐述
注意评价内容的全面性	语文课程是一个整体，学生的发展应该全面，因此小学语文教学评价的内容既要关注各项知识与能力，又要考虑过程方法及情感态度价值观的发展。当然，这是就评价的整体实施来说的，并不是要求每一次评价的内容都要涉及方方面面
坚持评价目的的发展性	评价的功能是多方面的，但评价的根本目的在于促进学生发展。评价的内容、方式、结果处理等，都要有利于促进学生的学，有利于改善教师的教，从而有效地促进学生的发展。特别注意不要根据考试成绩给学生排名次，也不能当众公布成绩，以免伤害相对后进者的自尊心；但阅卷要认真、及时，要给学生指出正误。要及时反馈评价结果，要指导学生改正错误，让评价发挥应有的作用
注意评价方式的多样性	要注意评价方式的多样性和灵活性。要正确认识与对待考试，考试是评价的重要手段，要正确地利用考试，而不能简单否定与取消考试。新课改所倡导的"成长记录"或"档案资料"方式也是很值得运用的评价手段
注重评价主体的多元性	评价主体不应只是教师，还应注意教师评价、学生自评、学生互评及家长评的结合，特别要加强学生自评与互评。多方参与评价，一方面可以更全面准确地了解和反映学生的学习情况，另一方面更有利于调动各方积极性，促进学生发展

第三节　小学语文教学的基本技能

小学语文教学的基本技能有很多，如教学目标设计技能、教案编写技能、课堂导入技能、课堂提问技能、课堂板书技能等，限于篇幅，下面仅对教学目标设计技能以及教案编写技能进行简要阐述。

一、教学目标设计技能

教学目标是一堂课的起点，同时也是一堂课的归宿，如何选择和合理设计教学目标显得尤为重要。

（一）教学目标的内涵

1.课堂教学目标

课堂教学目标是指课堂教学活动预期要达到的学习结果。

2.语文课堂教学目标

语文课堂教学目标主要是从课程实施的角度规定的语文课堂教学预期要达到的学习结果。

3.语文课程三维教学目标

《全日制义务教育语文课程标准》在"课程标准的设计思路"中指出："课程目标根据知识与能力、过程与方法、情感态度与价值观三个维度设计，三个方面相互渗透，融为一体，注重语文素养的整体提高。"三维教学目标打破了过去知识本位、忽视对学习过程体验的引导、缺乏对学生情感态度和价值观的弊端，对全面提升学生语文素养具有重要意义。

（二）教学目标的确定原则

教学目标的确定原则如表2-17。

表2-17　教学目标的确定原则

教学目标的确定原则	具体阐述
具体化原则	小学语文教学目标的具体化要求表现为，目标能被清晰描述、被具体认识、可操作性强、容易评估等。具体化既能对教师教学过程中起到清晰的导向作用，也便于学生对自我学习程度进行监控
科学化原则	科学的目标是可行的目标，这点规定了在制定课堂教学目标时就要按规律办事，要符合语文学科教学的规律，符合小学生学习语文的规律，符合小学生身心发展的规律
动态化原则	语文学科教学不同于其他学科有严密的知识序列，因此在制定教学目标时不可能设计一个直线的、完全系统化的教学目标，要受学生情况、课程资源等多个原因影响，呈动态的螺旋上升趋势
个性化原则	课堂教学目标是教师制定的，但最终还需要落实和转化成学生的。在制定教学目标过程中，既要从语文学科的知识、技能、策略等共性进行设计，又要根据学生的情况进行选择，体现学科性，也体现学习者的个性
系统化原则	小学语文教学目标的系统化体现在，目标既要依照课程标准，又要对整个小学阶段的教学目标进行合理的梳理，还要针对每个单元以及具体教学内容合理确定教学目标

（三）教学目标的功能

教学目标的功能如表2-18所示。

表2-18　教学目标的功能

教学目标的功能	具体阐述
导向功能	语文课堂教学目标具有"导向"的作用，确保课堂教学朝着正确的方向进行。有了明确的目标，课堂教学就能尽量排除无关的刺激，使教学的重心始终聚焦在与教学目标相关的内容上，避免了教学的主观随意性
调控功能	语文课堂是一个动态化的课堂，课堂教学目标贯穿教学过程始终，调节、控制着课堂教与学的活动，使之在动态中追求平衡
激励功能	目标激励是重要的激励策略之一。教学目标囊括了集体课堂教学目标和学生个体学习目标，能有效激发学生的学习动机，在实现目标的同时，增强学生的成就感、自信心
评价功能	课堂教学多大程度上完成了教学任务，效果如何，是否需要调整，如何调整，回答这些问题的主要依据就是明确、具体的课堂教学目标

二、教案编写技能

（一）教案的内涵

教案又称教学计划，是教师为有效进行教学实践活动而事先对教学进行设计，是教师以现代教学理论为基础，依据课标要求、教学对象的特点、不同教学内容的需要和教师个人的教学理念、经验、风格，在运用系统的观点与方法分析和处理教材内容基础上，针对所教内容的教学目标、教学重难点、教学流程、教学方法等设计的具体实施方案。[1]

---

[1] 廖娅晖.小学语文教学设计[M].北京：中国铁道出版社，2018.

（二）教案的类型

从教学实践来看，教案可分为以下几种类型（表2-19）。

表2-19　教案的类型

教案的类型	具体阐述
讲义式教案	这种教案按照教学时间的规定、教学内容的进度和计划安排的顺序把全部教学活动都编写出来，近似教学用的讲义
提纲式教案	提纲式教案比较简略。一般有经验的教师在备课过程中，只把重点和难点摘要写在上面，内容集中、简练
图表式教案	把要讲的课时内容呈现出一张图表，这就是图表式的教案。它的优点是简明扼要，内在关系清楚，易看好记，教师也好运用。问题在于它容易使学生死记硬背，不去追求理解，把生动的事物之间的关系看得过死，在有些问题上也容易简单化

（三）教案的构成元素

教案的构成元素主要包括以下几方面的内容（表2-20）。

表2-20　教案的构成元素

教案的构成元素	具体阐述
课题	课题指授课内容的标题，主要是课文的题目
教学目标	教学目标要难易适度，课时教学目标应当堂达成，不易定得过高，同时要注意重点教学目标的设计
教学重、难点	教学重点一般指为达到教学目的，在教学中重点教授的关键性内容，侧重于教师的角度。教学难点既包含教师因素也包含学生因素，一般指教师难以讲授的知识和学生难以达成的行为。教学重、难点的设置要考虑：重点如何突出，难点如何突破，深度如何把握
教学方法	教学方法是教师把自己的学识传授给学生的手段。具体教学方法的设定要遵循：一要优化教法，因材施教，因学而教，顺学而导；二要选择学法，提倡自主、合作、探究式的学法，而学法的指导也要体现自主性、针对性、操作性、差异性和巩固性

续表

教案的构成元素	具体阐述
教学过程	教学过程也称教学流程、教学步骤，是指为达成教学任务而制定的具体实施步骤和措施，是教案的主体部分。在教案书写过程中，教学过程是关键
作业布置	根据实际教学内容给学生布置相关作业，以巩固课堂知识
板书设计	包括随着教案内容展开的随机板书和每一课时的整体板书

（四）教案的价值

编写教案是对课堂教学的总的导向、规划和组织，是课堂教学规划的蓝本。此外，还有三个附带性作用。

1.备忘录作用
用文字载体保存的信息可供随时提取或查阅。

2.资料库作用
从长远角度看，教案中保存着教师从各种渠道获得的珍贵材料以及自身的经验与心得，积累多了自然形成一座资料宝库。

3.教改课题源泉作用
教案中的丰富案例、独特的教学设想、别致的教学环节、精心的教学问题、教学后的得失体会等往往成为教师选择教改研究课题的源泉。

第三章 小学语文识字与写字教学艺术研究

　　语文课程标准指出："识字写字是阅读和写作的基础。"识字写字是学生学习文化的起点，是形成读写能力的前提。学生只有认识并能写出一定数量的汉字，才能理解书面材料，也才能用书面语言表达自己的思想。

第一节 识字与写字教学概述

一、识字教学概述

（一）识字教学的意义

识字教学具有重要的意义，概括来说主要包括以下几方面（图3-1）。

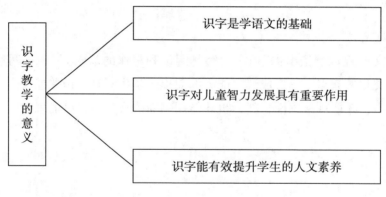

图3-1 识字教学的意义

1.识字是学语文的基础

识字教学是语文教学的重要组成部分。识字教学的成功与否直接影响语文教学的整体质量和效率。目前在全国开展的新一轮语文课程教改中，对识字教学进行了力度不小的改革，应该说这是有重要意义的举措。

2.识字对儿童智力发展具有重要作用

识字教学对儿童智力发展的作用，主要取决于识字教学的过程。如果我们能根据汉字的特点，选择科学的识字教学方法，识字教学过程就会成为开发儿童智力、发掘儿童潜能的过程，成为儿童主动发展的过程，他们的思维品质、语文素养乃至整体素质都会大大提高。

3.识字能有效提升学生的人文素养

我国几千年的传统教育，从读《三字经》《千字文》识字开始，就是文史哲合一的教育，即使是《百家姓》这样以认识人的姓氏为主要内容的识字课本，其中也包含着君君臣臣等封建纲常伦理的教育。识字教学从来就是伴随着统治阶级的道德伦理教育一起进行的。现代识字教学在继续重视民族文化教育的同时，更注重激发学生的学习兴趣，培养学生的自学和创新精神，培养学生健康的审美情感和高尚的人格，从而有效地提高学生的人文素养。

（二）识字教学的一般过程

小学语文教材中的识字形式不同，识字过程也有所不同。另外，学生的实际情况、教师的教学个性不同，那么教学过程也会不同。但从总体上来看，识字教学的一般过程主要包括以下几方面（图3-2）。

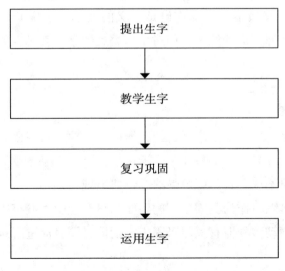

图3-2　识字教学的一般过程

1.提出生字

提出生字时要结合一定的语境。在课文教学中，教师应认真考虑生词的教学方法和时间。一般来说，这应该根据课文中生词的数量和难度以及学生的接受能力来确定。在一些课文中，有许多发音或形式相同的生词，此时可以把重点放在教学上，比较生词的发音、形式或意义的异同，以便学生掌握它们。有的课文中生词的意义与课文中图形的内容密切相关，此时可以采取看图片和分别展示的方式，让学生通过具体的图片理解单词的意思，从而提高对新词的音、形、义的记忆。有些课文中有很多生词，有些生词的意思很难理解，此时可以使用集中部分和分散部分的方法进行教学。总之，提出生字的方法一定要避免烦琐的程序。为了激发学生阅读和写作的积极性和主动性，还可以鼓励学生自己提出生字。

2.教学生字

教学生字必须把字的音、形、义紧密地结合起来，需要注意的是，不同年级和不同的字应当有不同的侧重点。对初入学的学生来说，一般应突出字形的教学。随着年级的升高，需要掌握的字词越来越多，字义比较抽象难懂的也越来越多，就应当突出字义的教学。除此之外，对每个字还要具体分析。就低年级来说，有些字的读音和儿童的口语有差别，就要注意指导字音。有的字的字义较抽象，就应侧重字义的教学。学生升入中、高年级以后，虽然有了掌握字形的能力，但对字形繁难的字，教师在教学中也应当着重检查指导。

3.复习巩固

小学生识字，学得快，忘得也快，所以一定要复习巩固，在复习巩固时也不能只采用一种方法。如只让学生读读字卡，读出字音就算过去，学生对字形、字义印象不深，日后就容易遗忘，或出现错别字。也不能一味地把机械重复的抄写、默写作为巩固字词的手段。只有让学生在练中用脑想、用眼看、用手写，调动多种器官复习巩固生字新词，同时促进思维的发展，这样才能收到实效。

4.运用生字

学生识了字以后，必须指导他们运用学过的字词。所以，教师要在指导阅读、背诵、写话、习作中，在指导课外阅读中，让学生反复运用学过的字词，这样才能巩固识字的成果，达到识字的目的。

（三）识字教学的内容与方法

识字教学的内容包括字音教学、字形教学和字义教学，这三个方面的教学内容是紧密相连的。

1.字音教学

识字教学首先要引导学生正确阅读发音，因此发音教学是学生识字的基础。在教学中，教师应教会学生掌握汉语拼音字母，正确使用汉字发音的一些特点，帮助学生仔细区分同音字和复音字，从而使识字效果得到提高。

（1）加强同音字的归类比较

同音字有音同形异和音同形近两种。如果乱用同音字，就会出现错别字，影响表情达意。

①音同形异

音同形异的如：

"工"和"宫"　　　"吧"和"八"　　　"刘"和"留"

在教这类同音词时，应该把词和句子结合起来，重点比较字义和字体的形状，并说明各有各的用法。

②音同形近

音同形近的如：

"象"和"像"　　　"蜜"和"密"

教学这类同音字时，要根据形声字形旁表义、声旁表音的构成特点，以熟字带生字，分别组词理解字义，着重分析字形中不同的地方。

（2）多音字要指导学生据词按义定音

多音字虽然总数不多，但教师也应指导学生据词按义定音。例如："只看见闪闪的星星蓝蓝的天"中的"只"读zhǐ，"天上飞一只大鸟"中的"只"

读zhī，教师应指导学生比较两句中的"只"的音和义以后，再分别组词，只有这样，学生才能逐渐掌握多音字。

（3）利用形声字的声旁帮助记忆字音

有些形声字的发音与声旁作为独体字时发音相同或相似。在教学中，可以利用学生所学的单个汉字读出正确的发音，然后学形声字。例如，可以先学"丁"字的发音，然后学习"叮""钉"等字的发音。

2.字形教学

汉字是方块字，几万个汉字便有几万种形体，各不相同，多一点少一点字不同，甚至一笔画长短或位置不同，字也大不相同了，例如"大、太、犬"，"土、士"等。教师必须根据汉字的构字规律和学生掌握字形的心理特点，以及学生的实际生活经验进行字形教学。

（1）熟字带字法或部件分析法

教学字形要循序渐进，启发学生自己分析字形。小学阶段字形教学是从独体字到合体字。教学独体字一般通过笔画、笔顺的教学，教学合体字时，就可以借助偏旁部首和独体字来识记字形。在字形教学中，要尽量启发学生分析字形，要求他们看到一个字，就能和已经掌握的熟字联系起来，如"种"左边是禾字旁，右边是"中"；"草"上面是草字头，下面是"早"。

（2）形近字比较法

有些汉字在形体上只有细微的差别，如"人""入"等，随着学生识字量的增加，形近字不断出现，要重视形近字的比较。一些教师根据学生知觉选择性的规律，用彩色粉笔标记容易混淆或忽略的部分，以提高知觉的清晰度，这将帮助学生更好地识别和记住字符。

（3）利用造字规律分析法

汉字中有象形字、指事字、会意字和形声字等，教学这些字时，可以根据汉字的构字规律和学生的心理特点，引导学生分析、辨认和记忆字形。例如，教"男、鲜、尖、家、牢、众、林、森"等用会意字的构字规律来分析字形。教"围、茗、违、伟"等形声字，可以启发学生分析形旁，从义辨形。

（4）字谜歌诀法

低年级教师可以编写谜语让学生猜，或者编成顺口溜和歌诀让学生读，使学生对字产生直观形象，从而提高对字形记忆的准确性。如"一口咬掉牛尾巴"（告）；"一个人，他姓王，兜里揣着两块儿糖"（金）；"小王小白并排坐，坐在石上吃果果"（碧）。有些字可以把笔画顺序编成口诀，帮助学生记住，如"长"，"撇横竖提捺，猴子尾巴长"。

3.字义教学

（1）运用直观教具帮助学生理解字词义

低年级学生主要通过具体的形象来理解客观事物。在词义教学中，教师应充分利用直观的方法，将抽象知识转化为学生能看到、能触摸、能听到的东西，让学生的眼、耳、鼻、舌等感官器官参与学习新知识的实践，从而获得清晰的概念。

（2）联系上下文理解字词义

联系上下文理解字词义是主要的、常用的一种方法。例如《五彩池》一课中的"瑰丽"这个词，先教同学们认识"瑰"字，再联系上下文理解"瑰丽"。联系上文描写石、水的颜色是怎么折射出来的，水池周围的树木花草，五光十色的倒影，从水中、岸上、倒影儿方面，来体会到五彩池的异常美丽，对"瑰丽"一词就容易理解了。

（3）指导学生联系生活实际理解字词义

有些字词较难理解，联系学生的生活实际，用具体事例来说明，往往能取得事半功倍的效果。如"正在"一词，联系师生在课堂的活动对其进行讲解，如教师正在讲课，同学们正在听课，这样学生便容易理解其词义了。

（4）充分利用汉字的构字特点，形象地进行字词义教学

例如，教会意字"从"时，可以说一人跟在另一人后面走是"从"；"男"，在田里干活需要很多力气，是"男"。教形声字，可以利用形旁表义的特点，帮助学生理解字义。如"干—竿—赶"，"干"字上面加上"竹"是竹竿，"赶"是"走字旁"，表示走路要快。"游泳"是在什么地方呢?在海里、江里，要在有很多水的地方才能游泳，所以"游泳"两个字都是三点水旁，表示与水有关。"蜻"是虫字旁，"蜻蜓"是昆虫。

二、写字教学概述

（一）写字教学的意义

写字是语文的一项重要基本技能，是提高语文素养的有效途径。掌握了所学字的学生能够正确有序地写作，这不仅使他们能够在学校学习期间更好地完成家庭作业，而且有助于他们未来的学习和工作。

此外，通过长期的写字训练，可以培养高尚的情操，培养审美的观念，养成一丝不苟的良好习惯，有利于提高学生的文化素质。因此，我们必须重视和加强写字教学，为写好字打下良好的基础。

（二）写字教学的过程

写字教学应该循序渐进，逐步提高要求。低年级学生使用铅笔写字，姿势要正确。字写得正确、端正、整洁。

用铅笔写字，符合低年级小学生的生理特点。低年级学生注意力集中的时间短，容易写错字，所以应该用铅笔写字，写错了，还可以用橡皮擦去，重写。低年级写字练习有两个途径：一是写好每课"会"的字；二是写好"复习"中的字，都是在田字格中先描后写。与教材相配的"写字"本，也是用先描后写的方法，指导学生书写。

中年级的写字教学用钢笔写字，写得正确、端正、整洁，行款符合要求；用毛笔描红、仿影、临帖，能正确地执笔、运笔，写得端正，纸面干净，养成良好的写字习惯。

高年级写字教学，用钢笔写字有一定的速度，字迹工整，行款整齐。用毛笔临帖，字写得匀称，纸面干净。因此，小学阶段练习硬笔写字是从铅笔到钢笔，练习写毛笔字也是从小学生生理特点出发，先描写，再仿影，后临帖，逐步培养学生写毛笔字的能力。

（三）写字教学的内容与方法

1.铅笔字的教学

低年级学生使用铅笔练习写字，学生开始练习写铅笔字时，教师要耐心进行辅导。

（1）教学生正确的写字姿势

①坐的姿势

写字时，头要挺直，身体微微前倾，肩膀要平，腰要直；坐在椅子中间，胸部挨桌子一拳的距离，双脚平放在地板上；双臂平放在桌子上，左手按纸，右手拿笔。本子要摆正，眼睛要离书一尺远的距离。

②执笔的方法

用右手拇指和食指握住笔杆下端，距离笔尖约1寸。同时，将笔压入中指，用无名指和小指支撑中指。笔尖略直，靠近虎口，与纸成45度角。

（2）教学生运笔的方法

一般情况下，在起笔、转弯、起吊和钩住时，重量稍重，速度稍慢；在写作过程中以适当的速度均匀用力；当书写提、钩和其他尖状笔画时，应该稍微轻一点、快一点。

（3）教学生学会使用田字格

写字课本上基本采用先描后写的方法。根据笔画笔顺先描一个，然后临写两个。当学生有了一定写字能力以后，要求学生离开田字格，在方格上把握生字笔画之间和各部分之间的联系，把字写端正。

（4）指导学生掌握汉字的笔顺规则和间架结构

学习和掌握顺序规则不仅可以规范写作，而且可以使笔画之间的匹配合理，有利于提高写作速度。此外，在写作教学中，应该高度重视间架结构的教学，应指导学生仔细观察每个单词的结构，以及田字格中每个成分所占据位置的大小。当遇到有特殊结构的字时，应该注重分析和解释，并引导学生把这些字写好。

2.钢笔字的教学

（1）教给学生执笔和运笔的方法

当学生开始用钢笔练习写作时，老师应该教学生正确的执笔和运笔的方法。由于笔尖的限制，钢笔只能写小字。因此，钢笔主要取决于手指和手腕的力量。书写细笔时，手腕应放松，力度应小。在指导学生用笔写字时，教师应该进行演示和解释，使他们知道手指力和腕力的协调使用，以便他们能够轻松地写字。

（2）适时提出书写有一定速度和行款整齐的要求

四年级的学生已经将他们的书写从方格本转换成横线格的练习本，并且写字也要求有一定的速度。此时，教师应要求学生做到字号统一、线条整齐、布局合理，使整页文字对称、自然、美观。

3.毛笔字的教学

写毛笔字应该从楷书练起，而且小学阶段应着重练习楷书，以掌握正确的执笔、运笔方法，掌握基本笔画的写法，经过长期训练，逐步做到写好毛笔字。

第二节　小学语文识字与写字教学的目标

《义务教育语文课程标准（2011年版）》识字写字的总目标是："学会汉语拼音。能说普通话。认识3500个左右常用汉字。能正确工整地书写汉字，并有一定的速度。"小学阶段各学段的分目标如下。

一、第一学段（1、2年级）

（1）喜欢学习汉字，有积极读写的愿望。

（2）认识约1600个常用汉字，其中约800个可以书写。

（3）掌握汉字的基本笔画和常用部首，能用硬笔按笔画顺序书写，注意书架结构。

（4）努力养成良好的写作习惯，保持正确的写作姿势，所写的字能够做到规范、正确、整洁。

（5）学习汉语拼音。能读准声母、韵母、声调和整体认读音节。了解大写字母并记住汉语拼音字母表。

（6）学习独立读写能力。能够借助汉语拼音阅读汉字，学会使用音序检字法和部首检字法查字典。

二、第二学段（3、4年级）

（1）对学习汉字非常感兴趣，养成主动识字的习惯。

（2）掌握常用汉字约2500个，能写约1600个汉字。

（3）具有初步的独立读写能力。能够使用音序检字法和部首检字法来查找字典和词典。

（4）熟练使用硬笔书写大写字母，使其规范、正确、整洁。

（5）写字姿势正确，有良好的写作习惯。

三、第三学段（5、6年级）

（1）具有较强的独立读写能力。累计认识常用汉字约3000个，其中约

2500个可以书写。

（2）硬笔书写楷书线条整齐，力求美观，有一定的速度。

（3）能用毛笔书写楷书。

（4）有正确的写字姿势，有良好的写作习惯。

第三节　小学语文识字与写字教学的策略

一、识字教学的策略

概括来说，识字教学的策略主要包括以下几方面（图3-3）。

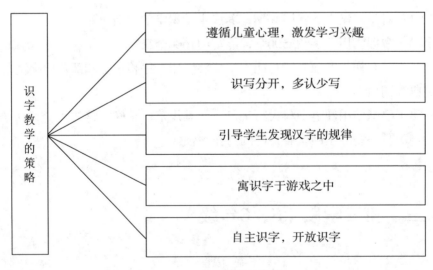

| 识字教学的策略 |
| 遵循儿童心理，激发学习兴趣 |
| 识写分开，多认少写 |
| 引导学生发现汉字的规律 |
| 寓识字于游戏之中 |
| 自主识字，开放识字 |

图3-3　识字教学的策略

（一）遵循儿童心理，激发学习兴趣

兴趣是最好的老师，也是学习的重要动力。因此，在识字教学中，必须遵循学生心理发展的规律，激发学生的学习兴趣，有针对性地进行识字教学。由于年龄所限，小学生喜欢具体而有趣的东西，他们的记忆力很好，容易记住，但也很容易忘记。教师应运用各种绘画、录音等手段对生字进行描述，调动儿童的感官参与识字，引导儿童的眼、耳、鼻、舌、手等感官参与获取新知识。瞧一瞧、听一听、闻一闻、摸一摸、尝一尝、做一做胜过单纯地听、记、背。

（二）识写分开，多认少写

识字和写作是阅读和写作的基础。语文课程标准对识字教学提出了"认写分开、多认少写"的要求，这有助于提高学生的识字率。多认少写为尽快独立阅读创造条件，对小学低年级尽快认读一定数量的字具有战略价值。如果识字速度很慢，识字量很小，不能满足阅读的要求。拖延的时间越长，学生的阅读兴趣和要求就越不能满足，这将产生严重的负面影响。当前教学中，要严格按课标关于两类字不同的教学要求进行教学，把时间、精力以及教法的改革用在刀刃上。

（三）引导学生发现汉字的规律

构字有一定的规律是汉字的显著特点之一，在识字教学中引导学生发现汉字的组构规律可以使学生认得清，记得准，提高识字教学的效率。另外，汉字数量多，笔画繁，结构复杂，会导致教学效率低下。如果能让学生掌握识字的方法和规律，让学生举一反三，可以为自主识字、开放识字打下坚实的基础。

为了帮助学生更好地识记形声字，有的教师将形声字的特点编成简短押韵的歌诀帮助学生记忆，如：

形声字，真好记，音形义，有联系。

声旁帮着读字音，形旁帮着表字义。

学习形声字，辨认要仔细。

除此之外，还可以组织学生进行归类识字，如象形字归类识字、指事字归类识字等，通过这种方式帮助学生发现规律、掌握规律、运用规律。

（四）寓识字于游戏之中

常用的儿童喜欢的识字方法有儿歌识字法、字谜识字法、故事识字法三种。教师在教学过程中可以通过这几种方法来帮助学生快速认识汉字。

（五）自主识字，开放识字

1.自主识字

这就需要教师让学生成为识字的主人，让学生选择自己喜欢的方式识字。对于学生来说，课本中出现的那些自己已经认识的字，就可以当小老师去教其他同学，而对于那些还没有认识的字，就可以借助拼音或语言环境自学，或是与水平差不多的同学比赛。总之，只要学生能够尽快地记住汉字，可以选择多种方法。

2.开放识字

语文是母语教育课程，学习资源和实践机会无处不在，教师应该树立大语文观，帮助学生充分利用资源，开辟识字空间和渠道，引导学生在与生活密切相关的特定语言环境中独立识字，提高识字效率。

例如，指导孩子听故事识字，在孩子听家长对照着书讲故事时，儿童凭借得天独厚的记忆力，通过"读"故事来识字。在这个过程中，故事对孩子的强烈吸引力也就变成了识字的内驱力。又如和家人一起看电视节目时，留意反复出现的节目片名、广告语等，并准备一个识字本，和父母一起记载自己在收看节目时认识的字。通过不断积累，看到自己认的字越来越多，兴趣也会越来越浓。

二、写字教学的策略

概括来说，写字教学的策略主要包括以下几方面（图3-4）。

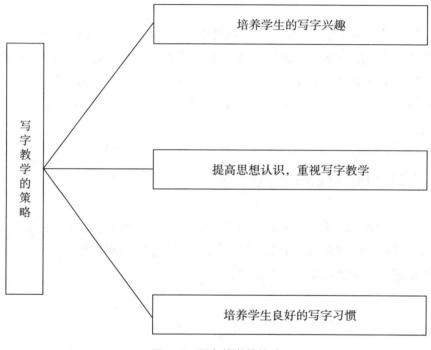

图3-4 写字教学的策略

（一）培养学生的写字兴趣

兴趣仅是一种巨大的学习动力，也是学生最好的老师。如果学生对学习有强烈的兴趣，他们会从被动变为主动，他们的情绪会变得快乐，他们的注意力会变得持久，他们的观察力会变得敏锐，他们的想象力会变得丰富，很容易保持学习的兴奋。具体来说，我们可以从以下几个方面培养学生的写字兴趣。

第一，让学生了解写字的目的。

第二，让写字教学变得有趣。

第三，让学生体验成功的快乐。

（二）提高思想认识，重视写字教学

写字教学在小学语文教学中占有非常重要的地位，它是听、说、读、写四项基本技能的重要组成部分，是一项极其重要的基本技能。小学写作训练影响学生的终身学习和工作。因此，加强写作教学是所有教师的共同任务。教师应提高对写作教学的认识，充分认识好写字的重要性，明确写字教学的目的和意义。

（三）培养学生良好的写字习惯

对于小学生来说，写字教学的关键是打基础，而写字姿势和执笔方法是基础的基础，教师在教学中不能被忽视。特别是对于低年级学生来说，从小养成良好的习惯将使他们终身受益。

第四章　小学语文阅读教学艺术研究

　　阅读教学是小学语文教学的主体构成部分。在当前，我国阅读教学正呈现出千帆竞发、百舸争流的可喜局面，一系列新的阅读教学理念与实践探索纷纷出现，使之成为我国小学语文教学领域中最引人注目的一道景观。本章即对小学语文阅读教学进行简要阐述。

第一节　阅读教学概述

一、阅读教学的概念

所谓阅读教学，就是以教会学生如何阅读文学作品为直接目的，以发展学生的阅读智能、思维能力、阅读兴趣，提升学生的语文素养为间接目的的一系列语文教学活动。[1]

二、阅读教学的构成要素

不同于阅读现象，阅读教学具有其独特的构成要素，这就是阅读主体、阅读指导者、阅读教学的目的（图4-1）。

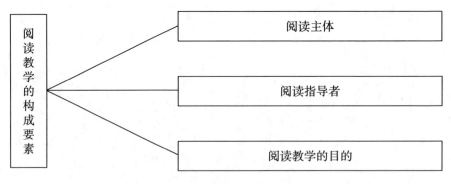

图4-1　阅读教学的构成要素

---

[1] 龙宝新.小学语文课程与教学论.西安：陕西师范大学出版总社有限公司，2013.

（一）阅读主体

阅读主体是阅读教学确立的关键问题，是阅读教学展开的首要问题，在小学阅读教学中，小学生就是这一主体，是具有一定价值观念与经验构成的阅读学习者。

（二）阅读指导者

阅读指导者是阅读教学的必需要素，是其与一般阅读教学活动相区分的区别性要素。在小学阅读教学中，自然特指小学语文教师，就是他们的参与直接改变了小学生的阅读活动过程，从而能够加速小学生阅读素养的形成。

（三）阅读教学的目的

小学阅读教学的最终目的，是发展小学生的阅读素养，增强他们的阅读能力，服务于其生活的展开与交际的目的。

三、小学语文阅读教学的重要性

对小学生而言，阅读教学具有尤为重要的意义，它对于小学生多方面语言能力与素养的形成都具有现实意义（图4-2）。

（一）阅读教学是小学生学会说话、写作与表达的基础

阅读教学是小学生学会说话、写作与表达的重要途径。在阅读教学中，围绕主要问题开展交流对话，让小学生对课文进行扩写、缩写、改写，让小学生在阅读教学课堂上大胆表达自己的理解与体验，等等，这都是培养小学生的阅读素养，提高小学生阅读能力的有效途径。

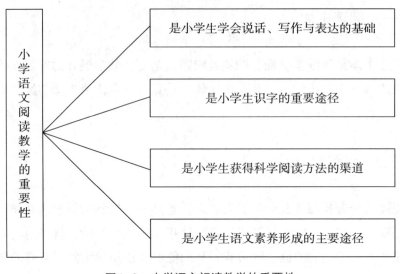

图4-2　小学语文阅读教学的重要性

（二）阅读教学是小学生识字的重要途径

识字教学有两种基本方式，即集中识字与分散识字，其中，分散识字是在大部分语文学习阶段中采取的一种识字教学方法，而在阅读教学中，识字则堪称阅读教学的主体。小学阅读教学承担着帮助小学生识字的重要任务，在阅读教学中，识字可以增强小学生的识字兴趣，促进小学生对字义的深刻理解。

（三）阅读教学是小学生获得科学阅读方法的渠道

对小学生而言，培养小学生的阅读方法与阅读兴趣是尤为重要的一环。参与小学阅读教学是小学生学会阅读、获得方法的重要途径，是小学生从读懂转变到会读的重要环节。小学语文教师只有抓住了阅读教学服务于小学生阅读方法习得的这一主题，阅读教学才可能真正达到培养能力、提高素养的预期目标。

（四）阅读教学是小学生语文素养形成的主要途径

阅读教学是小学语文阅读教学中几乎一切教学任务落实的必经之途。可以说，只有组织好了阅读教学，小学语文教学的整体效能才能得以提升，教学活动的整体价值才能得以保证。

四、小学语文阅读教学的内容

在小学阅读教学中，教师要完成的主要教学内容是词语教学、句子教学、语段教学与阅读训练（图4-3）。

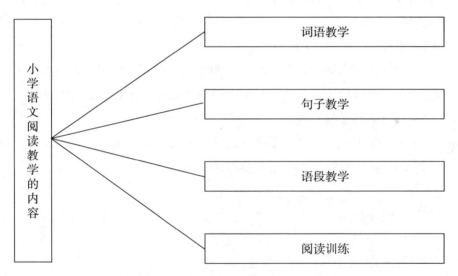

图4-3 小学语文阅读教学的内容

（一）词语教学

1.词语教学的基本任务

词语教学是阅读教学的基础，具体来说，阅读教学中的词语教学大致包括以下任务。

（1）会认读

会认读是词语教学的基本任务，是语文教师引导小学生学会读准字音的过程。

（2）会写用

会写用是语文教师引导小学生掌握词汇意义的过程。

（3）会积累

会积累是词汇教学的重要内容与任务，是通过阅读教学帮助小学生学会积累词汇，丰富他们表达方式的过程。

2.词语教学的重点对象

（1）课文中的生字生词

在阅读教学中，课文中的生字生词必须进行重点教学，否则，教学进程就可能受阻。

（2）句段中的关键字词

句段中的关键字词常常在课文中发挥着承上启下、提纲挈领或点明主旨的功能，对它们进行重点教学，是阅读教学出效能、出效益的必然选择。

（3）具有新意义的字词

在阅读教学中，那些具有新意义的字词一般属于重点词汇教学对象，对这些词语的教学，有助于小学生对全篇课文的理解。

（二）句子教学

1.句子教学的基本任务

句子教学的基本任务主要包括以下几方面。

（1）明白作者写作的用意

在阅读教学中，小学生不仅要理解句子的表面意义，还要理解作者在特定语境中的写作用意与大致意图，了解其真实意义，达到对课文的最终理解。

（2）清楚整句的表面意义，理解句子的表层意义

句子的表层意义常常是小学生阅读活动顺利进行的前提，从理解每个字词的意义着手，来理解整个语篇是阅读教学的一般思路。这就需要小学生对每个句子的一般意义或表面意义形成基本的理解。

（3）掌握语句的独特表达方式

在阅读教学中碰到的独特语句表达方式，对小学生阅读、表达能力的提高具有借鉴意义，对其进行深究，能够迅速提高小学生驾驭词语的能力与水平。

2.句子教学的重点对象

句子教学的重点对象主要包括以下几方面。

（1）含义较为深刻的句子

在阅读中，小学生常常会遇到一些含义较为深刻的句子，对这些句子的理解与分析，是帮助小学生把握课文全文的一把钥匙，需要语文教师给予重点讲授。

（2）学生难以理解的句子

学生难以理解的句子，常常是阻碍学习者正常理解语篇的句子，对之进行重点关注与讲解，是促进小学生阅读活动顺利进行的条件。

（3）与文章主题思想直接相关的句子

与文章主题思想直接相关的句子，常常是语篇的点睛之笔，是需要小学生把握全篇文章的一个"眼睛"。

（4）结构复杂的句子

在阅读中，小学生一旦遇到结构复杂的句子，常常容易失去阅读信心，所以需要语文教师的特殊指导。

（5）表达手法独特，描写细腻的句子

在阅读中，那些表达手法独特、描写细腻的句子常常易于引起读者的思考与分析，有助于小学生迅速进入阅读语境与主题，所以需要语文教师进行重点讲授。

（三）语段教学

1.语段教学的基本任务

语段教学的基本任务主要包括以下几方面。

（1）体会表达中的语感

语感是在读者多次阅读文本中自然而然体会到的一种语言感受，这需要教师引导小学生去主动体验、大量阅读，才能感受到。

（2）吃透整段的核心思想

这就需要语文教师引导小学生舍弃语段的次要意义，抓住主要意义，筛选、概括、抽象出整个语段的主要意义。

（3）领悟文章的表达方法与表达顺序

抓住语段中体现出来的独特表达方式，探明其内部的逻辑组织结构，是小学生深入理解语段，达到对文本准确把握的直接目的。

（4）引导小学生学会批判性地表达自己的看法

在吸收语段意义、感悟语感、把握表达的基础上，小学语文教师还要引导小学生批判性、创造性地表达自己的看法与观点。这既是语段教学的最高目的，也是语段教学中最具挑战性的一个教学任务。

2.语段教学的主要内容

语段教学的主要内容包括以下几方面。

（1）把握课文主要内容与重点内容

在分清语段的基础上，把握其主要内容与重点内容，有重点、有目的地展开阅读教学，达到对关键字词、关键语句、关键语段的逐一突破。

（2）厘清文章思路，给课文进行分段，把握各段表达的主要意思

把一整篇课文按照意义单元，划分为相对独立的语段，概括出它的主要意思，是语段教学的第一个任务，是展开语段分析的起点。

（3）吃透课文的中心思想与写作意图

在阅读语段和体会语段的基础上，深入把握语段的背后内涵，深刻领会作者的写作意图，这是深入文本内部，达到对语言文本深入掌握的途径。

（4）体会课文中表达的思想感情与价值观念

课文文本的最内核构成，是作者意欲传达的价值观念，"吃透"、探明这一价值观念，是小学语段教学的最后一个关卡。

（四）阅读训练

1.阅读训练的基本任务

小学阅读训练的基本任务主要包括以下几方面。

第一，让小学生学会用各种方式阅读课文，以此获取阅读信息，实现阅读目的，提高小学生的基本阅读能力。

第二，让小学生喜欢上阅读，循环阅读文学作品，增强阅读的兴趣，为他们阅读素养的提高打下基础。

第三，让小学生读出文章的语感。读出语感，是对小学生阅读的最高要求，是阅读训练的关键一环。

第四，让小学生的阅读达到一定的速度。速度是阅读品质的重要组成部分，提高阅读的速度，是小学阅读教学的重要任务之一。小学生只有保持一定的阅读速度，才能够通过阅读获得大量的外界信息，增强阅读的兴趣。

2.阅读训练的具体内容

在不同学段，小学生阅读教学的内容也是有差异的。

（1）第一学段（低年段）

这一学段的主要任务是让小学生喜欢阅读，感受阅读的乐趣，养成爱护图书的习惯，能够学习用普通话正确、流利、有感情地朗读课文，学习默读。

（2）第二学段（中年段）

这一学段的主要任务是让小学生学会用普通话正确、流利、有感情地朗读课文，初步学会默读，做到不出声，不指读。学习略读，粗知文章大意。

（3）第三学段（高年段）

这一学段的主要任务是使小学生能用普通话正确、流利、有感情地朗读课文，默读有一定的速度，默读一般读物每分钟不少于300字。学习浏览，扩大知识面，根据需要搜集信息。

五、小学语文阅读教学的常用方法

概括来说，小学语文阅读教学的常用方法主要有以下几种（图4-4）。

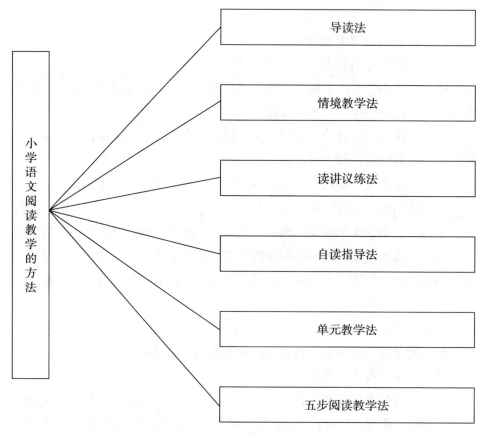

图4-4　小学语文阅读教学的常用方法

（一）导读法

1.导读法的内涵

导读法是教师指导学生自己阅读，借助于学生的阅读活动来推进语文教学进程，以此充分体现学生的阅读主体地位，构建主导与主体式的师生关系，着力培养学生的自读、自学语文课的能力的一种方法。[①]

2.导读法的基本步骤

在小学阅读教学中，导读法大致分为以下步骤（表4-1）。

表4-1 导读法的基本步骤

导读法的基本步骤	具体阐述
初读感知	通读课文，让学生对整篇课文的形成获得初步印象
辨体析题	即让学生正确判断课文属于何种文体，对文章形式进行整体把握，并在此基础上引导学生通过对标题的解析，找出它与文章内容的联系
定向问答	即通过有序的发问和回答，引导学生对课文的理解进入比较深入、细致、系统的层次。教师一般要求学生从三个方面依次发问：文章写了什么?怎样写的?为什么这样写
深思质疑	即让学生经过深思后自己发现问题，提出有思考价值的问题，培养学生发现问题的敏感性
复述整理	即让学生在回忆、概述文章要点的基础上，把握文章主旨，使之条理化、明确化

（二）情境教学法

1.情境教学法的内涵

情境教学法是指语文教师善于利用生活场景、课本剧表演、现代教学媒体等手段，努力创设一定的阅读教学情境，唤醒小学生的阅读兴趣，暗示小学生开展阅读教学的方法。[②]

[①] 龙宝新.小学语文课程与教学论[M].西安：陕西师范大学出版总社有限公司，2013.
[②] 龙宝新.小学语文课程与教学论[M].西安：陕西师范大学出版总社有限公司，2013.

2.情境教学法的基本过程

情境教学法的基本过程如表4-2所示。

表4-2　情境教学法的基本过程

情境教学法的基本过程	具体阐述
入情	本阶段的教学任务是引导小学生初读课文、创设教学情境，在小学生激发阅读动机中入情，形成相关情境体验，达到情景交融，为课文文本的阅读提供铺垫
动情	借助于课文中描绘的对象引导小学生去认识、去感受教材寓寄情感的形象，产生对形象的感受与相应的情感
移情	在引导小学生领悟课文语言神韵时，将他们的情感借助比较、想象、语言等媒介移到课文描写的对象上，促使小学生产生一种情不自禁的情感流向，最终产生移情活动
抒情	借助于表情朗读和语言训练，引导小学生抒情，表达自己的情感与感受，达到情感抒发的目的

3.语文教学情境创设的基本策略

第一，运用实物演示情境，增进学生的实感体验，引导学生理解阅读文本。

第二，联系生活展现情境，唤起学生的情感体验，增强学生对课文的理解。

第三，播放音乐渲染情境，让学生感知教材，在特定情绪的暗示中领悟课文。

第四，借助图画再现情境，把课文内容具体化、形象化，收到"一图穷千言"的效果，培养学生的美感。

第五，开展角色扮演，如分角色朗读、分角色表演教学情境，让学生站在角色立场上体悟文章中的相关内容。

第六，借助于直观生动的语言来描绘情境，唤起学生的联想和想象，进而达到教学情境创设的目的。

（三）读讲议练法

1.读讲议练法的内涵

读讲议练法是一种把教师和学生的读写讲练结合起来，根据教材和小学生的具体情况进行优化组合，以适应各种情境的综合性阅读教学方法。[①]该阅读教学法的最大优点是在对语言的直接使用与文章阅读研讨中，提高小学生的阅读能力，培养小学生多样化的阅读技巧。

2.读讲议练法的基本步骤

该阅读教学法的基本步骤如表4-3所示。

表4-3 读讲议练法的基本步骤

读讲议练法的基本步骤	具体阐述
指导学生阅读课文	主要采用指导小学生读书、读课文的方式进行
组织学生研讨	主要采用师生围绕课文的谈话与讨论的形式进行，师生在课文讨论中产生问题，开展交流，得出答案
教师精讲课文	主要采用教师评点课文及学生阅读效果的方式进行，借此加深小学生课文学习的深度与精度
课堂上开展口头或书面练习	主要方式是开展形形色色的课堂口语、课堂小作文练习，促使小学生在课堂上强化阅读效果

（四）自读指导法

1.自读指导法的内涵

自读指导法就是以学生自主阅读、合作阅读和探索性阅读等自学形式为主，依托对小学生阅读方法的指导，来促使其"学会阅读"，完成指定阅读任务的一种阅读教学方法。[②]

① 龙宝新.小学语文课程与教学论[M].西安：陕西师范大学出版总社有限公司，2013.
② 龙宝新.小学语文课程与教学论[M].西安：陕西师范大学出版总社有限公司，2013.

2.自读指导法的基本步骤

在小学阅读教学中，自读指导法的一般步骤如下。

第一，教师提出阅读任务，由小学生分头去完成指定阅读任务。

第二，在阅读开始之前，语文教师扼要作以讲解，鼓励每个小学生去独立阅读。

第三，在个体阅读的基础上，组织学生开展群体交流，分享阅读体会，形成阅读共识。

第四，教师组织点拨评价，师生共同总结，达成预定目标。

（五）单元教学法

1.单元教学法的内涵

单元教学法就是把若干篇体裁、题材或表达方式等方面基本相同或相似的课文作为语文教学过程中的一个教学阶段，从整体出发来确定教学目标要求，制定施教方案，安排教学步骤、方法和课时，把教读和自读有机结合起来，尽可能体现教学的连续性、循环性和阶段性，从而求得提高课堂教学效率的一种阅读教学方法。[①]

2.单元教学法的基本步骤

由于教学组织的主线不同，小学语文单元教学法有多样化的组织形式，其教学步骤也会有所差异。

（1）传授知识型的单元教学模式

其基本教学步骤一般是课前预习—精讲精练—检测评估—单元总结。

（2）培养能力型的单元教学模式

其基本模式一般是指导阅读—自学讨论—单元总结—复习练习。

（3）提高素质型的单元教学模式

其一般教学步骤为导读—自读—比较—评估—总结。

---

① 龙宝新.小学语文课程与教学论[M].西安：陕西师范大学出版总社有限公司，2013.

（六）五步阅读教学法

1.五步阅读教学法的内涵

在小学语文教学中，五步阅读教学法是利用五个教学步骤或环节，来引导小学生开展小学语文阅读教学的一种方法。这"五步"分别是"整体入手、自主读文""落点局部、自读自悟""品词析句、精读深悟""说悟表意、朗读展情""诵读积累、拓展运用"。[①]

2.五步阅读教学法的基本做法

在实践中，五步阅读教学法常用的做法如表4-4所示。

表4-4　五步阅读教学法的基本做法

五步阅读教学法的基本做法	具体阐述
读中识，读中记	即让小学生在阅读课文时边认识新字词，边进行记忆，以抓住课文中的某些关键性细节，顺利完成整体感知课文的任务
读中思，读中悟	即在阅读中耐心品味、细心研读，在把握文章主旨的同时，善于感悟、体悟，体验文章中体现出来的语感
读中品，读中议	即在阅读中仔细品味文章的内涵，开展同学间的交流探讨，逐步厘清文章的中心意思
读中说，读中赏	即在阅读中及时表达个人的阅读体会与阅读体验，在鉴赏中达到对课文深度理解的目的
读中写，读中用	即在阅读中及时进行书面表达，展示学生个人的观念，达到学以致用的阅读目的

---

① 龙宝新.小学语文课程与教学论[M].西安：陕西师范大学出版总社有限公司，2013.

六、小学语文阅读教学的模式

在小学语文教学实践中出现的下述阅读教学模式值得我们关注。

（一）诵读感悟式阅读教学模式

该阅读教学模式的基本步骤如表4-5所示。

表4-5　诵读感悟式阅读教学模式的步骤

步骤	具体阐述
借助情境教学法，创设情境	小学语文教师要善于利用多样化的导课方式来激发学生学习的动机和学习的兴趣，使学生具有学习的热情，积极主动地投入学习
引导小学生进行初读，整体感知课文文本	在初读中引导小学生识字学词、读通课文、了解文本主要内容，厘清文章脉络，把握课文全貌
仔细研读，诵读出感悟	引导小学生在仔细品读课文中，感悟文本的语言美、情感美，学习作者精当的遣词造句、巧妙的修辞手法、自然的感情流露等，为后续阅读与写作打下基础
注重实践，在运用中创新	利用读讲议练法，在阅读教学基础上，注重小学生在听、说、读、写等方面能力的培养与提高，把阅读教学引入语文教学的各个环节中去

（二）"自主参与式"阅读教学模式

"自主参与式"阅读教学模式的一般步骤如表4-6所示。

表4-6　"自主参与式"阅读教学模式的步骤

步骤	具体阐述
导入激趣，唤起学生参与兴趣	教师运用多媒体实物、挂图、范读游戏等手段渲染情境，创设平等、民主、和谐的学习氛围，唤起学生的参与欲望，引起学生参与阅读教学的兴趣，形成良好的教学心态和学习心态

续表

步骤	具体阐述
导读提示，利用自读引发学生质疑	在该阶段，语文教师要让学生从整体上初步感知，了解课文内容，在自读自悟的过程中获得一些知识、体会，形成一系列不能解决的问题，并通过师生互动交流与生生交流，确定疑点，开展合作学习，集思广益，形成语文学习兴奋点与焦点
导引点拨，带领小学生精准探究	针对前面筛选、归纳的重点问题，语文教师要精心设问，让小学生在"碰壁""遇险"体验中导情设境，与他们一起进入课文角色，仔细品评课文的语言美、结构美、思想美，达到对课文的深入阅读与深层理解
导标反馈，引导小学生自我小结	语文教师依据课前的既定教学目标，有意识地引导学生主动对自己或他人的学习过程加以评价、认知、归纳，整理出自己或他人的学习途径，转变成自己的阅读与认知策略
导练拓展，实现学用结合	小学生在语文教师的指导下开展迁移性自练，对他们进行背诵、写字、词句积累运用等方面的基本训练，并适当进行拓展延伸，提高学生对阅读知识、语文知识的运用能力

（三）主体性阅读教学模式

主体阅读教学模式的基本步骤如表4-7所示。

表4-7　主体阅读教学模式的基本步骤

步骤	具体阐述
利用情境创设法，引导学生在整体感知的基础上明确阅读目标	通过引导学生剖析课题、指导基本目标，并依据不同年段特点，明确教学的常规目标，最后在综观教材的基础上，明确教学的特殊目标
自学感知，借助自学指导法引导学生尝试目标	依托阅读教材，尽快让小学生接触教学目标，并依据教学规律，引导他们循序渐进地尝试目标，同时注意引导小学生的汇报，准确把握学生的学情，促使其进入深度阅读
重点指导，引导学生实施阅读目标，完成阅读任务	利用语文教师讲解突破阅读理解重点，并在点化、点拨的基础上，突破阅读理解难点，清晰把握课文阅读理解的疑点
启发诱导，引导小学生检测阅读目标，反馈阅读效果	通过教师命题、学生做题、教师看题、学生订正的方式，检查阅读教学目标的达成情况，达到阅读教学的目标

（四）四段阅读教学模式

四段阅读教学模式的教学步骤如表4-8所示。

表4-8　四段阅读教学模式的教学步骤

步骤	具体阐述
自学明情阶段	本阶段包括三个步骤。第一，定向自学；第二，独立自学；第三，明了学情
共学点评阶段	本阶段小学生的主要阅读教学活动是在教师的主导下，开展"提出问题、指导方法点评探究"的教授活动，以及在学生的参与下，开展"讨论、初知、精研"的课文学习活动，实现教师"精导"与学生的"乐学、会学"的统一
巩固记忆阶段	在该阶段，语文教师要引导小学生开展针对阅读能力训练的巩固性练习和发展性练习，让小学生在掌握基本知识的前提下，学会举一反三，灵活运用
应用拓展阶段	在该阶段，小学语文教师根据教材特点和知识点，引导小学生挖掘教材中蕴含的创新素材，开展面向生活实际的拓展性训练，以培养小学生的语言创新能力，强化阅读教学的效果

第二节　小学语文阅读教学的目标

一、第一学段（1、2年级）

（1）喜欢阅读，感受阅读的乐趣。

（2）学习用普通话正确、流利、有感情地阅读课文。

（3）学会默读。

（4）能够借助书籍中的图片阅读。

（5）理解课文中词和句子的意思，并在阅读中积累。

（6）能够阅读肤浅的童话、寓言和故事，对感兴趣的人物和事件有自己的感受和想法，并愿意与他人交流。

（7）阅读儿歌、童谣和简单的古诗，拓展想象力，获得初步的情感体验，感受语言之美。

（8）识别文本中常见的标点符号。

（9）积累喜欢的格言。背诵50首优秀的诗歌（段落）。课外阅读总量不得少于5万字。

（10）喜爱图书。

二、第二学段（3、4年级）

（1）用普通话正确、流利、有感情地阅读课文。

（2）要学会默读。能够就课文中不理解的内容提出问题。

（3）能够根据上下文理解词和句子的含义。

（4）能够掌握文章的主要内容，体验文章表达的思想感情。

（5）能够复述叙事作品的总体思路，初步感受作品中生动的形象和优美的语言，关心作品中人物的命运和悲欢离合，与他人交流阅读感受。

（6）在理解句子的过程中，理解句号和逗号的不同用法，理解冒号和引号的一般用法。

（7）了解主要观点并学习文章。

（8）在课文中积累漂亮的单词和句子，以及课外阅读和生活中获得的语言材料。

（9）阅读优秀的诗歌和文章，在阅读过程中注意感受情感和理解内容。背诵50首优秀的诗文。

（10）养成阅读书籍和报纸的习惯，与学生收集和交换书籍和材料。课外阅读总量不少于40万字。

三、第三学段（5、6年级）

（1）能够用普通话正确、流利、有感情地阅读课文。

（2）默读速度固定，一般阅读材料每分钟不少于300字。

（3）能够借助字典阅读，理解语言环境中单词的适当含义，辨别单词的情感色彩。

（4）联系上下文和自己的积累，推断文本中相关单词和句子的含义，体验它们的表达效果。

（5）在阅读中，试着弄清文章的表达顺序，体会作者的思想感情，初步了解文章的基本表达方法。

（6）阅读解释性文章，抓住要点，理解文章的基本解释方法。

（7）阅读叙事作品，理解事件的概要，简要描述给你印象最深的场景、人物和细节，表达你的喜欢、憎恨、尊敬、向往和同情。

（8）阅读诗歌，把握诗歌的整体，想象诗歌所描述的情景，体验诗人的情感。受到优秀作品的感染和启发，向往和追求美好的理想。

（9）学习调查，扩展知识，根据需要收集信息。

（10）在理解文本的过程中，体验停顿、逗号、分号和句号的不同用法。

（11）阅读优秀的诗歌和散文，通过诗歌和散文的音调和节奏关注作品的内容和情感。背诵60首优秀诗文。

（12）利用图书馆、网络等信息渠道开展探究性阅读。扩大阅读范围，课外阅读总量不少于100万字。

第三节 小学语文阅读教学的策略

阅读教学对小学生语文素养和整体素质的提高具有十分重要的意义，它培养学生的阅读能力和表达能力，丰富学生的文化积累，促进学生的智力发展，陶冶学生的思想情操，提升学生的语文素养。小学语文阅读教学的基本策略有以下几种。

一、以读为本，体现语文学科的特性

阅读教学的核心目标是培养学生的阅读能力，而学生阅读能力的培养，必须通过自主的阅读实践实现。因此，阅读教学第一要务是读。阅读教学的过程，就是学生在教师的指导下进行自主阅读实践的过程，读的过程就是深入理解语言、理解含义的过程。以读为本，可从以下几方面努力。

（一）要让学生充分地读

以读为本，就要让学生成为读书的主人，给学生足够的时间去主动地读，自觉地读。要将"读"作为课堂上必须完成的教学任务，尽量减少教师的活动，精讲多读，以读代讲，使学生读出情，品出味，悟出效，习得法，激活思，最终形成独立阅读的能力。

（二）要指导阅读方法

朗读、默读、诵读和精读、略读、浏览既是常见的阅读方法，也是小学生必备的阅读技能。教师应结合具体的课文，对学生进行具体的方法指导与技能训练。

（三）提倡多角度有创意的阅读

小学语文阅读教学应当让学生通过阅读文本材料，从自己的生活经验和内心需要出发，调动自己的各种感官，设身处地、入情入境地对文本的内容和形式进行切身感受，仔细体味。教师应当热情地鼓励、用心呵护学生熠熠生辉的思想火苗。

需要注意的是，以读为本，强调的是学生的读，但并不能一味忌讳教师的"讲"。我们应多读少讲，在该讲处讲，在疑难处恰到好处地点拨，将学生带入文本中，与文本真正对话，最终达到叶圣陶先生对语文教学所期望的"自能读书"的理想境界。

二、平等对话，凸显学生主体地位

语文教学是在师生平等对话的过程中进行的，师生关系是一种平等、理解、关爱的人与人的关系。这里所谓的"对话"，一是指阅读教学中师生对文本的个性化解读；二是指课堂上师生、生生之间的体验感受以及思想见解的交流、碰撞、分享、提高。平等对话，教师也是对话的主体。因此，教师要注意研读课文，要以一个读者的身份与学生进行平等的对话，对于课文的理解不能唯教参是从。如果课堂上出现学生见解与教师见解不一致的地方，教师应认真思考孰对孰错，如果双方都有道理，可以采用多种答案并存的做法。如果学生的答案有错，教师也应启发、引导。平等对话，就要创设宽松、自由的对话环境。教师要给予学生充足的阅读时间和思维空间，鼓励学生在阅读中发现问题，对课文发表自己的见解，积极投入对话状态。

三、读写结合

阅读与写作是一贯的，阅读得其法，阅读提高了，写作程度没有不提高的。阅读教学中也要求"揣摩文章的表达顺序，体会作者的思想感情，初步领悟文章基本的表达方法"。这种表达思路和方法的教学也意在为写作提供一种方法的示范。阅读教学中，教师对于写作特点鲜明的课文进行教学后，可以让学生进行仿写，如按照一定的观察顺序进行描写、按照一定的说明方法介绍一个物品等，都是很好的读写结合训练。到了小学高年级，学生的情志得到一定的发展，教师也可以引导学生进行一些针对课文的续写、扩写以及变换人称写作、改变记叙方法等改写练习。这种练习有利于阅读和写作的共同发展。不仅课内阅读能为写作提供良好的支持，课外阅读更能发挥不可估量的作用。教师要引导学生多读书、读好书、好读书，并做好读书笔记。大量的课外阅读能够开阔学生的视野，激发学生的灵感，因而多进行课外阅读也有利于写作的进行。语文阅读中，应把读写结合作为一个基本策略来抓。

四、创造性地运用各种阅读教学方法和手段，充分调动学生的学习积极性

教师要积极组织和引导学生开展生动活泼的课堂活动，在活动中学习、体验和探究。这样的课堂，是生机勃勃的课堂。为了使阅读教学的课堂充满活力，教师要创造性地运用各种阅读教学方法和手段，充分调动学生的学习积极性。

在阅读教学中，如果一个教师缺乏创造性，每堂课都用同样的语调，同一种方法，学生就会像坐没有旅伴的长途车一样，变得厌倦起来。因此，教师要创造性地运用形象生动的教学方法和手段。教师可以创造性地运用游戏法、竞赛法、表演法等多种阅读教学方法和多媒体电教手段，激发学生的学

习积极性。

游戏法是在低年级学生中用得最多的一种教学方法。低年级学生还保留着儿童爱好游戏的一些特征，教师可以利用这一特点，开展一些寓教于乐，既充满娱乐性，又具有知识性的活动。让学生在愉快积极的心境中完成学习任务。

竞赛法是一种引起学生学习语文的兴趣、激发他们的积极性的好方法。通过这些竞赛活动，使学生能集中注意力，痛痛快快地参加课堂活动，从而培养学生学习语文的兴趣。

另外，教师还可以创造性地运用多种现代化教学手段，运用录音、计算机、投影、幻灯、电视、摄像等多种媒体。如上《富饶的西沙群岛》一课时，采用电影、录像和幻灯、投影进行教学，就可以把五光十色的海水、海底嬉戏的鱼群、蠕动的海参、披甲的龙虾、美丽的珊瑚、海滩好看的贝壳、巨大的海龟、树木中各种海鸟和鸟蛋等，这些学生从未看过的新奇有趣的事物鲜活地呈现在他们面前。这样，教学就会始终抓住学生的心，使他们兴致勃勃地投入学习活动。需要注意的是，使用现代教学手段不能过多，以免导致学生失去朗读、思考、想象、讨论、练习的机会。

五、加强朗读，培养语感，注重积累

小学语文中应特别强调朗读的重要性，而且把对朗读的要求贯穿于各学段的目标之中，要求用普通话正确、流利、有感情地朗读。在朗读时，应注意强与弱、重与轻、果断与委婉、紧急与轻快、严肃与活泼等变化。如爱的感情要"气徐声柔"；憎的感情要"气足声硬"；问的语气要读"升调"；感叹的语气要读"降调"。同时要注重朗读教学方法的灵活多样，否则学生会感到单调乏味。如分角色读、分男女生读、分小组读、个别读、轮流读、范读、齐读、比赛着读、配乐读、边表演边读、用自己喜欢的方式读、带着自己的感受读、选择自己喜欢的文段读，既可摇头晃脑地读，又可眉飞色舞地读，等等。在读中感知文意，培养语感，在读中积累语言，学习表情达意的技巧。

除了朗读外，默读、诵读、精读、略读、浏览等都是重要的阅读方法。教师也要加强指导，要指导学生掌握默读的方法、速度和习惯，要掌握熟读成诵的要求，要掌握深入细致的精读方法，要掌握重在了解大意的略读方法，要掌握捕捉重要信息的浏览方法。同时，要加强复述教学。通过复述，能更好地理解课文，感受作品生动的形象和优美的语言，培养口头表达能力和思维能力。因此，对具有一定情节的叙事性作品，要进行复述教学。教师要重视复述方法的指导，具体来说应做到以下几方面。

第一，把握好复述的时机。一般在学生已有了一定的理解、记忆做基础之后才进行复述。

第二，根据课文思路，按提纲进行复述。

第三，写出课文重要词语，引导学生连词复述。

第四，指导学生进行创造性复述。如改变人称复述，改变记叙顺序复述，改变文体复述，展开丰富的想象复述，补充情节复述，运用生活经验复述，穿插人物评价复述等。

第五，预见复述难点，加以具体指导。如语言不连贯、条理不清楚、复述与背诵混同、简要复述与详细复述混同、抓不住主要思路与主要情节等，都是学生复述时容易出现的毛病。教师指导时，应做到纠正与示范相结合。

语感，可以理解为语言的感觉，即语言的感受力。这是一种直接、敏锐的语言反应能力。它有赖于想象与联想、情感与思维的发展，也有赖于生活经验的积累，对于具体形象思维占优势的小学生和中学生来说，培养语感，极有利于促进形象思维的发展。语感对于人的听说读写，对于人的学习、工作和生活都是非常有意义的。因此，在阅读教学中，应引导学生多读、多说、多写；引导学生去感受和体验，去想象和联想；引导学生把阅读与生活经验联系起来，使情感和思维活跃起来，以促进语感的培养。

加强背诵是积累的一种好方法。可以通过以下几种方法培养学生的背诵能力。

第一，背诵要以理解为基础。背诵要在理解课文的基础上，通过反复练习进行。要在帮助学生理解课文的过程中，让学生在课堂上多读多练。

第二，培养学生背诵的主动性、自觉性。必须使学生充分认识背诵的意义和作用，自觉积极地对待背诵练习。对要求背诵的课文要明确任务，提示在前，使学生集中注意，自觉、积极地进行有意识记忆。

第三，背诵要加强指导，让学生掌握正确的背诵方法。要按词语的语序和各小节、段的内在联系，理解其意义后练习背诵。教师要指导学生寻找记忆的支柱点，如重点词、中心句、承上启下的过渡句，以及每课每段的第一句话，这些都有助于记忆。在此基础上，教师要帮助厘清思路，指导学生认真地识记材料。在练习背诵的过程中，应培养学生专心、认真地朗读和默读，只有用心地读，才能更好地理解和记，朗读、默读、背诵在阅读教学中应紧密联系，互相促进。[①]

六、加强阅读教学中的思维活动

（一）要鼓励和指导质疑

具体来说，可以从三个方面入手。

第一，由教师向学生质疑，再引导学生通过思维解疑。

第二，由学生向教师质疑，再引导学生通过讨论解疑。

第三，由学生向学生质疑，再引导学生通过讨论解疑。

（二）要鼓励和指导推想

所谓"推想"，就是一种猜测推断，它是建立在学生初步感受、理解基础上的。推想能力是一种很重要的阅读能力。人们在阅读过程中遇到的许多问题，大都是运用这种方法解决的。我们要鼓励和指导学生根据上下文和自

---

① 周立群，庞车养.与新课程同行：语文新课程教学论.广州：华南理工大学出版社，2005.

己的生活经验去推想。例如《皇帝的新装》，文中故事只写到游行大典结束。结束后回到皇宫的皇帝，知道自己上了大当，在盛怒之时，会想些什么，说些什么，做些什么，这里面有着广阔的推想空间。这种训练对于培养创造性思维能力是大有益处的。

（三）要鼓励和指导探究

这就要求教师设计一些探究性的阅读专题，或设计一些开放型的问题，从不同角度思考，会有不同的结果，鼓励和引导学生进行多角度和有创意的阅读。

例如，小学课文《狐狸和乌鸦》一文结尾写道，"狐狸叼起了那片肉"。那以后又怎样呢，会有哪几种情况呢?这是开放性问题。此时，教师就可以鼓励和指导学生进行探究。这些探究性问题，对发展学生的思维能力很有益处。

需要注意的是，在开展阅读教学的思维活动过程中，教师不但要善于激发学生的好奇心理和寻根问底的兴趣，鼓励学生敢于发表和坚持自己的意见，做学习的主人，而且教师还要有宽容的态度。对待学生要允许出错，允许改正，允许保留不同意见。对学生幼稚可笑的说法，不讥讽不打击，还要保护其积极性。教师要耐心倾听学生的回答，不伤害学生的自尊心和自信心。从表情、体态上对学生的发言作出期待、信任和激励的表示，要努力为学生创造一片民主、平等、宽容的天空。

七、加强自主阅读能力的培养

（一）要激发学生自主阅读的兴趣

在阅读教学中，要积极创造"乐读"的氛围，使学生读得生动活泼，读得积极主动。要采用灵活多样的阅读教学方法，要运用启发式、讨论式教学方式，要和其他学科，尤其是和美术、音乐、表演等学科沟通起来，要采取现代化教学手段，使学生在阅读中聆听到美的声音，欣赏到美的画面，感受到美的形象，激发学生的表演欲，发挥学生的个性特长，使阅读成为赏心悦目的享受，成为表现自我的平台。学生阅读兴趣的激发，会产生渴求知识的需要，产生强烈的学习动力，这对培养自主的阅读能力是很有好处的。具体来说，可以从以下几方面入手来激发学生自主阅读的兴趣。

1.开展读书会、故事会等，促使学生分享课外读书的收获与感悟

借助于读书会、故事会等平台，给小学生提供一个交流自己课外阅读体验与感悟的机会，强化他们的阅读兴趣，增长他们对阅读活动的情感。

2.引导小学生在读书中积累名言警句

对小学生而言，引导他们开展大量阅读时最重要的收获可能要算是习得一些他人的优美表达方式，名言警句就是这些表达方式中最感人至深的东西。让小学生在阅读中边学习边积累，边思考边探索，让他们在积累中感受自己的成长，正是培养他们阅读兴趣的有效方式。在必要的时候，教师还可以通过定期交流的方式来增强小学生的学习兴趣，提高他们对语文学习的积极性与能动性。

3.推荐适合小学生的儿童读物，激起学生的读书欲望

小学教师要及时给小学生推荐优秀的课外阅读资料与作品，并善于鼓励学生开展广泛的课外阅读，时间久了，小学生的语感与语义分析能力就可能迅速增强，课内阅读教学活动就很容易开展，他们的阅读兴趣也才会形成。

4.培养日常精美语言积累习惯，让学生在运用精美词句中爱上语文

培养小学生的语文阅读习惯，鼓励小学生通过定期阅读形成阅读兴趣，也是一条培养小学生阅读兴趣的好方法。换言之，只有经常持续地参与阅读活动，小学生才可能产生阅读兴趣。

（二）要培养学生自主阅读的意志

在独立自主阅读的过程中，必然会遇到各种各样的困难，教师既要指导学生克服困难，又要培养学生知难而进的意志品质。这种意志品质具体表现在以下几方面。

第一，遇到困难时，不畏惧、不回避。

第二，解决困难时，积极主动。

第三，困难暂时解决不了时，不气馁、不妥协。

第四，重视困难，信心百倍地去克服它。

学生的学习意志品质的培养，只有在教师的热情鼓励和耐心指导下，经过众多磨炼才能得到加强。

（三）要指导学生在阅读实践中学会自主阅读

阅读方法有很多，下面提供一些基本的自主阅读方法，以便于教师作"学法"指导。

1.借助文章注释和工具书阅读法

教材中一般含有助读系统，包括注释、单元提示、课文提示、课后思考题等，阅读时要善于利用这些助读系统，还要善于借助工具书解决阅读中的"拦路虎"。注释和工具书都是很好的"老师"。

2.添加小标题阅读法

一般文章都由几部分构成。阅读时，尝试用最精炼的语言，给每部分加上小标题，这对提高概括内容能力和锤炼语言能力都很有益处。文中有插图，也可尝试给插图加上小标题，效果会很好。

3.圈点勾画阅读法

在阅读过程中，把自己最感兴趣之处，或有疑惑、有不同看法之处分别用各种符号（如波浪线、单杆线、双杆线、圆圈线、三角号、重点号、叹号、向号等）勾画出来。

4.体验阅读法

阅读一些有情感色彩的作品时，联系自己的生活经验，设身处地去体验、感受，去联想、想象，把自己的情感调动起来，或喜或怒，或哀或乐，从而受到熏陶，得到美的享受。

5.交流阅读法

就是把自己阅读后的感受、体会与同学交流。这种阅读法既可活跃思想，又可享受阅读的乐趣。

6.文体阅读法

各种文章自有其体裁特点，阅读要有文体意识。实用文章的记叙文、议论文、说明文、应用文等都有不同特点，阅读时要注意它们各自的文体特点。

7.图文转换法

阅读某些诗文，可尝试根据其内容，用一般图画，或用漫画、简笔画、连环画等表现出来。绘图时，可调动自己的想象以丰富其内容。反过来，看到某些图画，也可尝试用诗文来表现。

8.想象和联想读诗法

想象和联想是诗歌的翅膀，没有想象和联想就没有诗。诗歌中许多句子都充满神奇的想象和丰富的联想。因此，阅读时要根据诗句的描述积极展开想象和联想，让头脑里展现一幅幅优美动人的图画。一些优美的文章也可用此法阅读。

9.两步阅读法

第一步，先找重点词句，想想其字面的意思。

第二步，联系上下文，理解其在文中的意思。

汉语文章的特点是"字不离词，词不离句，句不离段，段不离篇"，因此，这种方法对于准确把握词句意思和文章内容是十分重要的。

10.三步阅读法

第一步，读通课文，初步了解内容。

第二步，读懂课文，理解重点词句。

第三步，悟读课文，体会思想感情。

举一反三，形成能力。

（四）以文本阅读指导为基础，将各种阅读能力的培养贯穿进去

以小学语文教师的课内阅读指导活动为基础，把小学生的各种阅读能力与方法的训练贯穿进去，是促使小学生整体阅读素养形成的有效策略。在此，建议教师要从以下五个方面来着手。

1.以精读、研读为依托，培养小学生的语言文本理解能力

朗读、默读、听读等不便于小学生深入把握文本意义，因此，借助于研读、精读来加深小学生对课文文本的理解，就显得尤为重要。研读就是耐心地阅读，就是挖空心思地去研究文本及其结构。精读就是细读揣摩，就是尽力读出文本文字背后的微言大义，达到对文本的深层穿透。精读和研读都能够提高小学生对文本的深度理解能力，提高小学生对文本材料的深入把握。

2.以朗读、浏览、跳读为依托，培养小学生的语言信息感知能力

采用多样化的阅读方式，不仅可以降低阅读活动的单调性与枯燥性，还可以相互促进、相互补充、相得益彰，从而迅速提高小学生的阅读能力与水平。在阅读指导中，可以让小学生去朗读、浏览、跳读，这些阅读教学方式的采用，能够大大提高小学生的语言信息感知能力。

3.以教师范读、学生分角色读为依托，培养小学生的语感获取能力

要培养小学生的语感，语文教师就必须借助于教师范读、学生分角色朗读等方式来增强小学生的语感体验，发展他们的语言感受力。在范读中，教师带着感情体验去朗读，这样能够把自己的语感顺利传递给小学生；学生借助于自己对主人公的角色理解来朗读，并尝试用自己的方式来表达语言承载的情感，是小学语文教师培养学生语言的重要辅助。要培养小学生的语感体验，教师就必须引导小学生多阅读，在熟能生巧中产生语感。

4.以重点篇章背诵为依托，培养小学生的阅读识记能力

每一个阅读教学单元都由两类文章组成，即重点讲读课文与一般阅读课文，尤其是许多重点讲读课文中的重点章节段落，常常是课程标准要求背诵的内容。语文教师可以借助于对这些篇章的背诵活动，来培养小学生的阅读识记能力，帮助他们获得、储存大量的阅读信息。

5.以文本内容重现为依托，培养小学生的阅读想象能力

语文教师可以引导小学生在复述中加入个人的体验、想象与理解来创造性地复述，甚至可以在不改变文本主要意义的基础上进行复述，这样才可能有效发展小学生的阅读想象力，提高小学生对文本的创读能力。

（五）进行专项阅读品质训练，实现以点带面式的培养

在阅读教学中，小学语文教师要从以下几方面来开展专项训练，迅速提高小学生的语文素养。

1.针对篇章中的重点字词理解的训练

小学生只有在理解关键字词的基础上，才可能达到对整个语段与整篇文章的理解，也只有在大致理解整篇文章的基础上，才能够对某一关键字词的含义达到情景化的精确理解。字词在语境中方可获得具体意义，在语文教学中，小学教师要善于引导学生结合具体语境去理解字义，达到对文本的深层

理解。

2.针对语段整体感知能力的训练

小学生语文素养包括两个重要方面。

第一，语段整体感知能力。

第二，语段篇章结构的分析能力。

第一点是第二点的基础，第二点是第一点的进一步深化。要培训小学生的整体感知能力，教师需要引导小学生进行以感知文本整体意义、把握文本中心意思为主题的专项训练。

3.针对不同文体阅读能力的专项训练

不同文体对小学生阅读能力的要求是不同的，如说明文需要小学生按照说明的顺序与层次来阅读，记叙文需要小学生按照记叙文的要素展开阅读，议论文需要按照论点、论据、论证等三个维度来阅读等。这就要求语文教师有针对性地进行专项训练，确保小学生阅读素养的专项发展。

4.针对篇章结构分析能力的训练

在教学中，语文教师要培养小学生针对特定语篇的语法分析能力、段落分析能力、段义概括能力等训练，以此提高小学生对语篇结构与核心意义的把握能力。

5.针对阅读兴趣开展专项语文活动

阅读兴趣是小学生阅读素养提升的支撑点，培养小学生对阅读的兴趣，需要语文教师费尽心机去组织相关语文学习与交流活动，需要语文教师通过鼓励学生阅读效果、拓展学生语文阅读量等多种方式来激发他们的阅读兴趣。只有这样，针对小学生阅读兴趣的专项训练，才能取得预期效果。

第五章　小学语文汉语拼音教学艺术研究

　　汉语拼音是帮助学生认读汉字的重要工具。由于汉语拼音本身是无意义的，只有字词，没有情节，缺乏一定的语言文字环境，因而学起来相当枯燥乏味，易引起学生的厌学情绪。汉语拼音教学教无定法，关键是教师要抓住学生心理，善于创设语境，找到形象的载体，借助一定手段使图、形、音相结合，抽象与直观相结合，与学生日常口语实践以及原有生活经验相结合，让学生在熟悉的语境、朗朗上口的儿歌中学习发音。本章就对小学语文汉语拼音教学艺术进行研究。

第一节　拼音教学概述

一、汉语拼音教学的意义

汉语拼音教学具有重要意义，概括来说主要包括以下两方面（图5-1）。

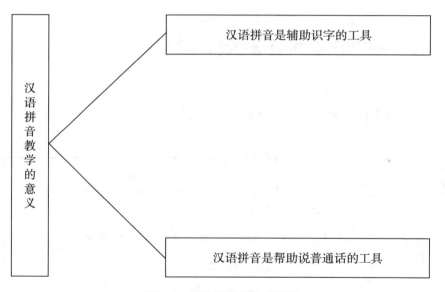

图5-1　阅读教学的构成要素

（一）汉语拼音是辅助识字的工具

汉字是表意文字，看见形，不能读出音。如果掌握了汉语拼音，就能借助拼音读出生字的音，写话、习作时，遇到不会写的汉字，可以利用拼音查字典，解决字形问题。所以说，汉语拼音是辅助识字的重要工具。

（二）汉语拼音是辅助说普通话的工具

语言是人类交流思想的工具。普通话是现代汉民族共同语，只有说普通话，才能克服方言的障碍，达到互相交流的目的。国家制定的"语言文字法"把说普通话作为法令强制执行。但学习普通话单凭耳听口授，不一定有这么多的机会，也难以掌握规律。如果掌握了汉语拼音这个工具，就能做到语音正确，较快较好地学会普通话，就能利用汉语拼音纠正方言土语，纠正读不准的音调。所以说，汉语拼音是辅助说普通话的重要工具。

二、一节汉语拼音课的教学过程

一节汉语拼音课的教学过程如图5-2所示。

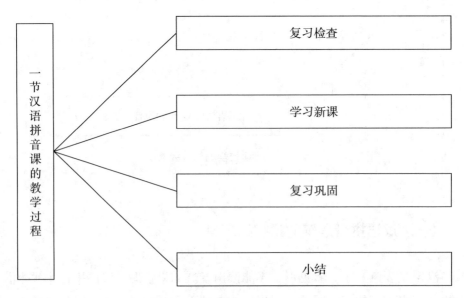

图5-2　一节汉语拼音课的教学过程

（一）复习检查

复习检查一般包括以下两项内容。

第一，复习前一节课所学的主要内容。

第二，复习和本节课教学内容有联系的内容。

例如，学习复韵母ai、ei、ui时，先复习单韵母 a、e、u、i，学习后鼻韵母时，先复习前鼻韵母等。一般是利用卡片或小黑板让学生认读。时间大约两到三分钟。

（二）学习新课

学习新课主要包括以下内容（表5-1）。

表5-1　学习一节拼音课的主要内容

主要内容	具体阐述
看图提出新学内容	看图的目的是通过形象具体的图画，把抽象的拼音字母与具体的实物联系起来，以引起儿童学习的兴趣，提高教学效果。如学习"a"时，先看图，认识图上画的小女孩在啊、啊、啊地练习唱歌。告诉学生这就是"a"的发音，随即板书"a"，学习"a"的发音。接着让学生观察图中小女孩的头和小辫，帮助记忆"a"的形
指导发音	可利用课本插图或其他实物、屏幕显示以及口语中常用的词语帮助发音。如发"ai"的音时，先看图上两个孩子挨着站在一起，一个高、一个矮，借"挨、矮"的音，学习"ai"的音
指导学习声调	教单韵母时，要指导学生认识声调。开始要告诉学生标调的作用、调形和读法。先按阴平、阳平、上声、去声的顺序认识调形。读好四个声调以后，逐步训练学生打乱顺序读带调的韵母
指导学习拼音方法	在学生学习单韵母和四声以后，一般做法是在学习声母的同时，开始学习拼音方法。学习拼读法，要强调声母读得轻，韵母读得响亮，声韵快速拼合。初步教给方法以后，要采取多种形式反复练习拼读，使之成为一种技能
指导书写字母	书写字母前，先认识四线三格，知道有上、中、下三格。弄清楚占中格的、占上中格的、占中下格的、占上中下格的四种类型字母的占位，并掌握字母的笔画名称及书写笔顺

（三）复习巩固

新课之后，都应妥善地安排复习巩固的内容和形式。

复习内容要针对当地语音的特点和学生的实际，抓住重点、难点。

复习的形式要生动活泼，能激发学生的兴趣，调动每个学生的积极性。

新教材每课都编排了一首儿歌，还配了精美插图，要指导读儿歌。开始几课，由老师带领学生读几遍，读熟，不作任何讲解。后边的几课，可以适当指导学生了解儿歌内容，但不要去讲解。利用游戏"看谁找得准，找得快"，指导学生熟记字母的音、形。

（四）小结

每节课将要结束时，教师要总结本节课学了哪些内容，学习情况怎样。对于学习认真的学生可适当表扬，有的内容可提出课外口头练习的要求。

三、汉语拼音的教学内容

（一）小学汉语拼音教学的内容模块

小学汉语拼音教学的内容模块主要包括以下几种（图5-3）。

1.字母与音节

声母、韵母、整体认读音节是目前小学拼音教学的常规内容。这些教学内容相对稳定，也得到了广泛的认可，小学语文教材中大量使用贴近儿童生活实际的图片，将抽象的字母转化为学生形象可感的生活，借助图画学习字母，最为常见的是单幅的表音示形图，也就是一个字母对应一幅图片。在这些图片中，有的表音，有的示形，有的既表音又示形。其价值在于，通过形象的方式引导学生记忆拼音，同时培养观察能力、发展儿童语言，增加学习的趣味性。除了这种单幅的表音示形图，近些年来，教材中还创造了全新的情境图，将诸多内容整合在一幅图中，辅助学生学习字母和音节。

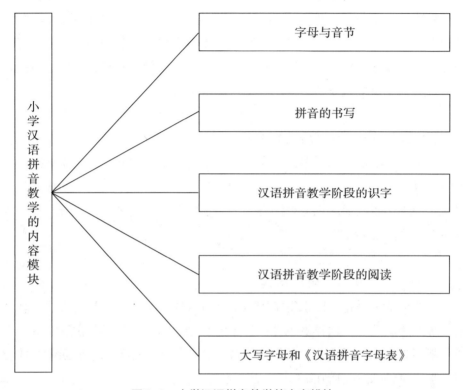

图5-3　小学汉语拼音教学的内容模块

需要注意的是，在拼音教学阶段，作为教学内容的音节和音节词，都应该来源于学生的日常生活，与学生的口语发展紧密相连。学生拼读出音节，就立即能与自己的已有知识经验产生联系，这样的内容才有助于学生的拼音学习。相反，如果教学中选择的是学生不熟悉的、需要教师额外讲解词语含义的音节，会给学生增加不必要的负担。在这一阶段，应该充分利用学生的口语词来学习拼音，在学生学会拼音之后，再借助拼音来学习新的词语。

2.拼音的书写

将书写的字母安排在四线格中，最重要的作用是给学生提供字母之间的大小比例关系，使学生通过观察了解字母的形体，尽量根据比例关系把字母写整齐。在具体实施教学的时候，教师引导学生大体了解字母在四线格中的位置即可，不必对学生要求过度。书写拼音在这一阶段并非重点，无需过于追求精确的字母位置，追求书写的漂亮美观，只要学生能够正确抄写即可。教师在教学的时候，要考虑拼音书写这一内容在拼音教学中的地位，做好时间分配，把握好指导书写的度，把握好拼音抄写的量，不宜过多地将时间花在书写上，而要把主要精力集中在学生的准确拼读上。

3.汉语拼音教学阶段的识字

在集中学习拼音的阶段，把学拼音和识汉字结合起来，直接体现汉语拼音的工具价值，实践证明是切实可行的。学生学了拼音，就能帮助他们认识汉字，如果学生以前认识这个汉字，可以借助汉字识记拼音，拼音与识字相得益彰，协同发展。

4.汉语拼音教学阶段的阅读

专注地学习拼音，以求得牢固地掌握拼音这一工具，这是编排拼音教材的传统思路。但是，这样做也存在一定的弊端，即学生整天与拼音字母打交道，不明就里地学习这些生活中并不常见的字母，学生不知为何而学，体会不到学习拼音的意义所在。

近年来的语文教材编排，开始尝试将阅读的内容纳入集中学习拼音的阶段，并且逐渐成为一种趋势。在集中学习拼音的阶段，引导学生及时运用拼音帮助识字，进而帮助阅读，在具体的语言环境中学习拼音、运用拼音。学生刚刚学了音节，就能学以致用，使学生感受到语文学习的快乐。在学习拼音的几个星期里，学生从一开始只能借助拼音认读几个汉字，到可以借助拼音认识更多的汉字，直到最后可以借助拼音读出整首儿歌，在这一过程中，体验着由完全不能独立阅读逐渐发展到可以独立阅读拼音读物、从不自由逐渐到自由的巨大成就感，可以有效地激发学生的学习动机。

5.大写字母和《汉语拼音字母表》

《汉语拼音字母表》是小学拼音教学的重要内容。拼音字母表是音序查字法的重要前提。学习字母表，是为学习音序查字法作准备，熟记字母表，是为了提高音序查字法的速度。关于大写字母，在小学阶段的教学要求是认读、辨识大写字母，而不要求掌握、运用。

（二）小学汉语拼音教学内容的特点

概括来说，汉语拼音教材中的教学内容有以下几个鲜明的特点（图5-4）。

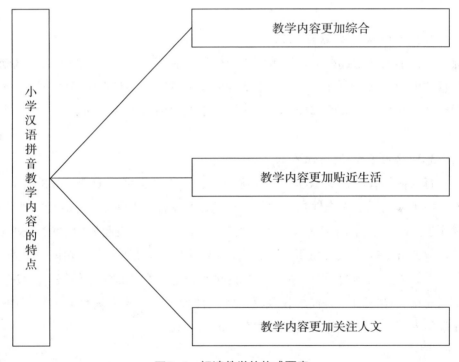

图5-4　阅读教学的构成要素

1.教学内容更加综合

在小学生学习语文的起始阶段，除了字母和音节的学习，大多数教材都安排了识字的教学内容，有的教材还安排了词语、句子、儿歌等教学内容。

在集中学习拼音的阶段，就开始引导学生使用拼音帮助识字，借助拼音尝试阅读，字母和音节不再是拼音教学阶段的唯一内容，拼音教学也不再是单纯的拼音知识的教学和操练。在选择教学内容的时候，将汉语拼音的实际运用放在首位。把学习拼音、认识汉字、积累词语、发展语言、培养观察能力等诸方面有机地结合在一起，为学生的自主学习打下基础，体现了全面培养语文素养的教育目标。这种综合的内容编排，为教师教学提供了更为丰富的课程资源，也体现出较大的弹性空间，既照顾到没有拼音和识字基础的学生，为他们提供保底的教学内容，又给基础较好的学生提供了更多的发展空间，使所有儿童都能体验到学习语文的自豪感与成就感，感受成长的愉悦。

2.教学内容更加贴近生活

在教学内容的选择上，注重语文与生活的联系，关注儿童的生活，调动儿童的生活积累，引导学生借助生活经验学习拼音，并且在生活中巩固、运用拼音。教材中音节的选择、练习的设计都在努力体现这一理念。

3.教学内容更加关注人文

有人认为，在语文教学中，年级越低，工具性更强，随着年级的升高，人文性越来越强，人文性在小学阶段特别是小学低年级可以不加考虑。但是事实上，语文教学的工具性和人文性密不可分。一年级起始阶段的语文教学，就要开始树立人文意识，在任何时候，语文学习都不只是知识的学习，要在掌握语文工具的同时，强调文化的传承，潜移默化地陶冶情操，要使学生通过语文学习成人，而不仅仅是成才。如果忽略了语文教育的这一特性，在教学内容和教学策略的选择上就有可能出现偏差。

四、汉语拼音教学的常用方法

汉语拼音教学的常用方法主要有以下几种（图5-5）。

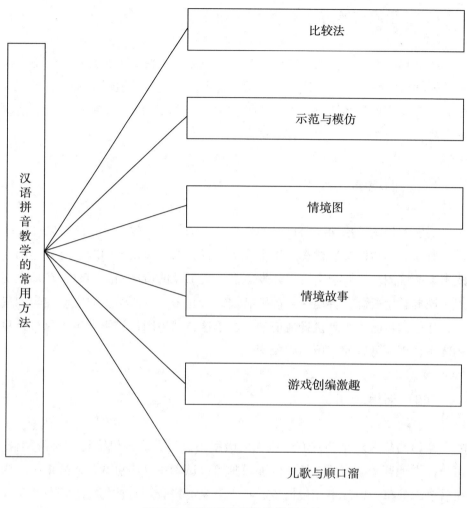

图5-5　汉语拼音教学的常用方法

（一）比较法

汉语拼音中有些声母或韵母在字形上具有一定的相似性，但在发音上却有所区别。这时教师可以把这些声母或韵母放在一起，比较音形的异同。比如"b"与"p"的外形，前鼻音与后鼻音发音时嘴形的区别等。比较法有利于提高学生对汉语拼音的掌握程度。

（二）示范与模仿

示范与模仿是拼音教学中最主要的方法之一，特别是在教习发音的过程中。教师可以配合发音部位图，边做发音示范，边让学生仔细观察口形、舌位，体会发音的正确方法。如在教学"z"与"zh"的发音时就可以采用这种方法。

（三）情境图

情境图是变抽象的汉语拼音为直观、生动化的有效方式，能有效地提高教学效果。小学语文教材都给拼音配上了相关的图片，教师既要充分利用这些书本情境图，又要学会自己开发更多、更形象的情境图。同时，教师也要善于挖掘学生资源，将动手与动脑有效结合起来，发挥学生的主动性与创造性，让他们自己动手画拼音情境图。由于这类情境图往往跟学生的原有经验相联系，因而可以使其更加印象深刻。

（四）情境故事

童话与故事对小朋友有着巨大的吸引力，与儿童的思维特点紧密契合，可以极大地调动学习的热情。因而教师可以试着将汉语拼音融入故事中，为拼音创编故事，以故事创设情境，将无意义的拼音用有趣的故事情节联系起来，帮助他们在快乐中学习拼音。

（五）游戏创编激趣

游戏既是孩子娱乐的方式，也是孩子学习的重要途径，教师可以根据教学需要创编不同的游戏，以激发学生的学习兴趣。如在学习字母时，除了可以让学生手绘字母图外，也可以让学生借助手边的铅笔、橡皮、尺子、细绳等工具摆出相应的字母造型。

（六）儿歌与顺口溜

教师可以设计一些学生喜爱诵读的顺口溜和儿歌辅助记忆，唤起学生的创编激情，启发学生自编口诀。教材中安排儿歌和顺口溜的意义在于，引导学生在语境中复习音节，体验拼音帮助识字、帮助阅读的重要价值。这些儿歌和顺口溜，虽然有着非常丰富的教育价值，但是其基本的功能依然是巩固拼音。儿歌不要求达到背诵或是表演读的程度，教师要根据学生的实际情况提出恰当的要求。儿歌中标红的音节，是用于巩固拼音的，要让学生自己拼读。在入学一两个星期之后，学生能够拼读的音节越来越多，这时候，可以让学生试着拼读儿歌中所有以前学过的音节，而不只是拼读标红的音节。但是在教学的时候不应平均用力，要对教学内容有所选择，突出教学重点。

五、汉语拼音教学应注意的问题

（一）加强常用音节的训练，培养熟练拼读音节的能力

音节教学分步进行。常用的可以先教，不大常用的后教。另外，考虑到一年级刚入学儿童的学习负担，先教最基本的内容，达到基本要求即可。因此，小学语文拼音教材部分，一般只编入基本内容，安排200个左右常用音节，其余的音节在拼音教材以后的汉字注拼音的词、句、短文中陆续出现，在使用中陆续掌握。常用音节的训练是从声母教学开始的，一般的做法是，学了单韵母以后，边学声母，边教拼音方法。教复、鼻韵母时，是拼音方法的再现和运用，可继续教给方法，培养能力。到一年级第一学期结束，一般能熟练拼读音节。

（二）方言区要重视与普通话的比较

小学语文教师要对本地方言有所了解，找到本地方言与普通话在语音方

面的不同，重点突破，纠正错误读音。课内课外坚持说普通话，也有利于克服方言土语的干扰，学好汉语拼音。

（三）要注意汉语拼音的复习巩固

要使学生牢固地掌握汉语拼音，使其真正成为识字和学习普通话的有效工具，一个不可或缺的环节就是创造条件、扎扎实实地复习巩固。每堂课后要复习巩固所学的新知识。

第二节 小学语文拼音教学的目标

一、小学语文拼音教学的总目标

在《语文课程标准》的总目标中，关于汉语拼音教学的要求只有简单的两句话："学会汉语拼音。能说普通话。"这一目标要求既要在各学段得到落实，其具体内涵也要在识字与写字教学各学段目标中得到诠释。

二、小学语文拼音教学的阶段目标

《语文课程标准》在"第一学段"的目标中明确指出："学会汉语拼音。

能读准声母、韵母、声调和整体认读音节。能准确地拼读音节，正确书写声母、韵母和音节。认识大写字母，熟记《汉语拼音字母表》。"这些要求表明了，第一学段汉语拼音教学的具体内容以及小学生学习应达到的程度，体现了《语文课程标准》对汉语拼音教学的功能定位。

　　第二学段和第三学段没有就汉语拼音教学的具体内容提出学习要求，而是抓住与汉语拼音有关的学习内容提出要求。其目标分别是"会使用字典、词典，有初步的独立识字的能力""有较强的独立识字的能力"和"能用普通话正确流利有感情地朗读课文"。教学任务主要是巩固第一学段的学习成果，进一步发挥汉语拼音辅助识字和学习普通话的功能。

第三节　小学语文拼音教学的策略

　　小学语文拼音教学的策略主要包括以下几种。

一、选择恰当的教学方式，让学生在游戏和活动中成长

　　这些年来，汉语拼音的学习已经不再是枯燥的朗读和记诵，教师们创造了大量适合学生年龄特点的游戏活动，引导学生在丰富多彩的游戏活动中学习拼音，取得了很好的教学效果。仅举几例游戏活动如下。

　　第一，当小邮递员。在信封上用拼音写上班级同学的名字，让学生当小

邮递员，把信封送到同学的手中。

第二，打扑克牌。学生将声母和带调的韵母制成扑克牌，每个声母和带调韵母分别制作一张牌。同桌的学生分别拿声母和韵母的扑克牌，两个学生同时出牌，谁先拼出两张扑克牌组成的音节，这两张扑克牌就归谁。

以上两项游戏活动，以有趣的形式融入大量的音节练习，可以有效地帮助学生提高拼读音节的能力。

二、紧密联系学生生活，彰显汉语拼音的实用价值

拼音的学习，要与学生的口语实际相联系，与学生的生活经验相联系。要关注音节的实际意义及其与学生常用口语词的对应关系，让学生在读音节的时候能够与自己的生活经验建立联系，能够唤起实际意义，在脑海中浮现形象。因此，在教学中宜大量增加带调音节的拼读，开展与学生的生活世界紧密联系的活动。如果音节仅仅是一个没有意义的符号单独存在，很难激发学习兴趣，学生难以识记而且容易遗忘。相反，如果把音节放在具体的语言环境中，拼音学习就成为有意义学习，有利于激发学习兴趣，有利于学生保持长久记忆。

三、体现弹性设计，恰当运用教科书中的课程资源

近年来，越来越多的孩子在入学前通过各种方式学习汉语拼音。因此，入学儿童的语音基础参差不齐：有的根本不懂；有的发音不是很标准；有些孩子学得很好。这种情况给小学拼音教学带来了很多麻烦：学生的不同程度使教师难以进行教学。由于一些学生已经学习了拼音，在拼音课上很难产生认知矛盾，进而对汉语课失去兴趣。基于对客观现实的考虑，教师可以在进行拼音教学之前对学生进行详细的预测试，了解每个学生的实际语言水平，并在此基础上进行幼小一体化设计，从学生的实际情况出发，使每个孩子都

能在原有的基础上有更大的发展空间。目前，拼音教材编排的综合趋势越来越明显，为不同层次的学生提供了更多的选择。然而，在教学中，应该合理利用教材中的课程资源，不能一蹴而就，不切实际地要求学生在各个方面都达到更高的要求。

四、树立全局观念，不断提高学生汉语拼音的运用水平

小学阶段的汉语拼音教学，教师要有全局意识，不能将汉语拼音教学的阶段性目标当作拼音教学的终极目标，因为在集中教学拼音的阶段，只是完成了拼音教学的基本任务。在整个小学阶段，都要不断地引导学生在语文学习的过程中巩固拼音，提高运用汉语拼音的水平，既不在集中教学拼音的阶段人为拔高要求以至于增加学生负担，也不在集中教学拼音之后让学生的拼音学习放任自流以至于降低拼音教学的效果。正确的做法是，有意识地引导学生在语文学习中运用拼音，在运用中提高能力。例如，在教学一、二年级的全文注音课文和难字注音课文的时候，可以有意识地加强拼音的练习，鼓励学生独立阅读，借助拼音把汉字读准。当学生读错字音的时候，可以让学生再次借助拼音读一读。另外，低年级的课后练习题和考试题都是全文注音的，可以充分利用这一有利条件，引导学生利用拼音读懂题目，有意识地增加运用拼音的机会，使学生在学习中处处体会到拼音的重要价值和功能。教师也可以有针对性地进行一些诊断性测试，根据测试中反映出来的本班学生的实际情况，适当调整教学进程，帮助学生巩固一些拼音难点，或是想办法解决一些普遍存在的问题。另外，还可以通过练习音序查字法和部首查字法巩固拼音。如果在教学中经常使用字典，经常用到音序查字法和部首查字法，也会促进学生熟练掌握拼音。[①]

---

① 夏家发.小学语文教学设计与案例研究[M].北京：科学出版社，2012.

第六章 小学语文口语交际教学艺术研究

口语交际教学是培养学生口语交际能力的过程。小学生在入学前有一定的说话能力，但那是他们在生活中无意识学习的成果。为了提高学生入学后的口语交际能力，必须对学生进行扎实有序地培训。本章即对小学语文口语交际教学的相关知识进行简要阐述。

第一节　口语交际教学概述

一、口语交际教学的意义

口语交际教学具有重要意义，概括来说主要包括以下几方面（图6-1）。

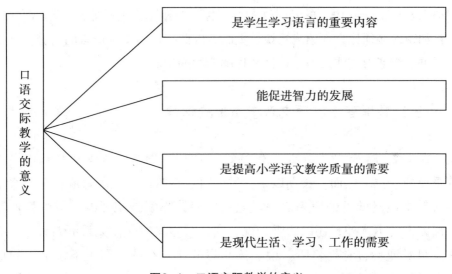

图6-1　口语交际教学的意义

（一）是学生学习语言的重要内容

语言有书面语言和口头语言两种形态。两者特点不同，形式有别，但又是密切相连，相互促进的。学龄前儿童已经具备了一定的口语交际能力，都是在母语环境中自然习得的。一般说来，未经训练的口头言语具有"想怎么说就怎么说"的自然性。入学后，儿童要系统地学习书面语言，同时也要进一步改造、发展口头语言。学生的口头言语水平成为他们学习书面语言的基础，同时，随着学生书面言语能力的提高，其中有益的"养分"也会自然地融化到口头言语中。两种言语形式合理沟通，良性互动，学生的整体言语水平一步步提高。

（二）能促进智力的发展

语言学家认为，一个人智力的发展及其形成概念的方式在很大程度上取决于他的语言能力。因此，加强儿童语言训练可以促进智力的发展。在语言学习中，口头语言的训练比书面语言的训练更明显和有效。由于口语的快速传播以及口语交际语言的及时性和可变性，口语信息的接收、编码、存储、分析和转换必须比书面语言更快、更高。因此，口语交际语言的培养将有效地促进思维能力、注意力、记忆和理解能力的发展。

（三）是提高小学语文教学质量的需要

在小学语文教学中，听、说、读、写四种基本能力的培养应该占据同等重要的地位。然而，长期以来，重读写、轻听说的现象普遍存在，这是语文教学质量低下的原因之一。究其原因，除了传统影响、应试教育等外部因素的干扰外，还因为听、说、读、写之间的内在关系不太清楚。因此，自觉或不自觉地将听、说、读与写分开，在读、写上下了更大的功夫，结果必须是事半功倍，教学效率不高。教学实践证明，口语发展良好、听说能力强的学生也具有较强的阅读和写作能力。相反，学生阅读和写作能力的发展也会受到限制。因此，听、说、读、写是密切相关的，同样重要。小学是儿童语言发展的最佳时期。把握这一年龄段，从口语训练入手，加强听说能力和良好语言习惯的培养，对他们今后的发展和提高语文教学质量具有重要意义。

(四) 是现代生活、学习、工作的需要

随着改革开放的深入,全球经济一体化进程的加快,国家之间、人与人之间的交往越来越频繁。口语交际能力成了现代社会中人们必备的一种能力。人们每天都听话说话,需要口语交际能力;网络上人们对话交流,以及人机对话,需要有快速的语言组织能力,这些语言都要求准确简洁,否则达不到交际的目的。网上对话具有较多口语特点,应属于口语交际范畴。因此,抓紧抓好学生口头语言的训练,使他们具备一定的口语交际能力,才能适应时代的需要。

二、口语交际课教学的过程

口语交际课教学的过程主要包括以下几个步骤 (图6-2)。

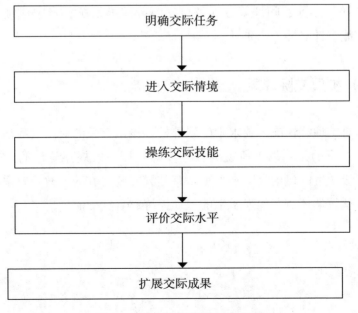

图6-2 口语交际课教学的步骤

（一）明确交际任务

通过导语、实例等手段提出交际任务，讲明交际的具体要求。

（二）进入交际情境

要求学生亲历生活实际或投入模拟生活实际的情境之中，准备进行交际活动。

（三）操练交际技能

全体学生投入交际操练，单独操练与合作操练相结合，必要时由教师讲述有关知识。

（四）评价交际水平

用自评、互评、师评等方式评价交际操练的情况，肯定成绩，指出不足，尽可能有针对性、个别性。

（五）扩展交际成果

教师总结训练情况，要求学生课外校外投入有关的口语交际活动。

需要注意的是，以上所说的教学步骤是按一般规律设计的。实际教学中，各年级学生的口语交际水平也是有差异和变化着的，教师要根据实际情况合理调整教学环节，加强学生的主动操练和自觉交流。

三、各年级口语交际课的教学

（一）低年级的口语交际课

低年级的口语交际教学以训练学生的交往功能和想象功能为主，低年级口语交际教学应主要抓好以下几点。

1.根据学生的学习特点创设情境

游戏是低年级学生的主要活动之一。因此，在学生喜爱的游戏中进行教学，可以使学生在做游戏的过程中自然地进行交流，有助于激发学生的交流动机。此外，由于低年级学生的思维发展主要以形象思维为特征，所以在口语交际教学中用形象等直观形式创造情境一定会取得较好的教学效果。

2.加强示范，做好引导

对于低年级学生来说，模仿是一种非常重要的学习方式。当然，示范的作用不一定要由教师来承担，也可以由一些优秀的学生来承担。在教学中，除了做好示范外，教师还应做好沟通互动前的激励，加强沟通互动的调节，注意沟通互动后的反馈。教师在讨论中可以简短地表达自己感兴趣的话题，鼓励学生积极地表达自己的观点。

3.重视交际习惯的培养

良好的交际习惯主要包括以下几方面。

第一，说普通话的习惯。

第二，倾听他人的习惯。

第三，礼貌待人的习惯。

对于这些习惯，教师一定要注意培养。

（二）中年级的口语交际课

中年级的口语交际教学以训练言语的表现功能和启发功能为主，中年级口语交际教学中应主要抓好以下几点。

1. 呈现多样化的情境，锻炼学生在各种情境下灵活沟通的能力

人的能力随情境的不同表现出极大的灵活性、复杂性和差异性，同一主体在不同情境中，对不同的知识会建构出不同的意义，因此针对同一个内容我们应当呈现不同的情境，使学生获得与情境有关的活生生的体验，提高在不同情境交际的能力。同时在不同情境的交际中，要求学生能认真倾听，要求学生能说出自己的感受和想法，并努力用语言打动他人。

2. 选择贴近生活的传播内容，营造良好的传播氛围

口语交际教学要立足于生活，从生活中来，回生活中去，真正体现交际的实践性和生活性。生活化的交际内容能构成良好的交际背景，引发学生的交际欲望。

3. 重视体态语的教学，促进学生口语交际能力的全面提高

体态语在口语交际中起着十分重要的作用，教师除了关注学生的语音、语调、重音、停顿之外，还必须重视体态语的教学，使学生能恰当运用体态语提高交际的效果。

（三）高年级的口语交际课

高年级的口语交际教学，以练言语的调节功能和表达功能为主，高年级口语交际教学应主要抓好以下几点。

1. 拓展学生交际的时空

高年级学生的逻辑思维能力已有所发展，他们的主导活动以社会交往为主，所以在口语交际教学中，教师应按照大语文教学的观念，选择与社会

生活密切相关的情境和话题，鼓励学生大胆发表见解，也可以利用活动课程，使学生能有较多的时间了解社会、贴近社会，在真实的社会交往中开展交际。

2.增强学生交际的目的意识、对象意识以及效率意识

在教学中，应做到以下几方面。

第一，要让学生明确按照交际的目的和话题来组织语言。

第二，引导学生关注交际的互动特征，交际时要根据对象的年龄、身份、心理特征来选择语言，并随时观察交际对象的情感变化与反应来调整自己的语言。

第三，要增强学生交际的效率意识，努力使交际达到良好的效果。

四、口语交际教学应遵循的原则

小学口语交际教学要遵循以下原则（图6-3）。

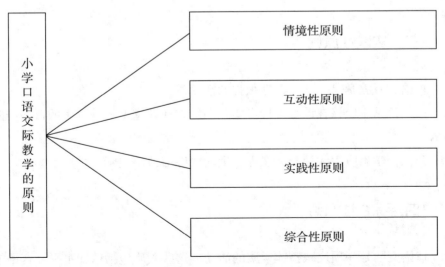

图6-3　小学口语交际教学的原则

（一）情境性原则

口语交际只能在特定的环境中进行。交际主体总是在特定的时间和地点以特定的交际对象进行口语交际活动，这取决于情景语境的性质。因此，小学口语交际教学必须创设更真实的情境，有利于真实的交际活动。从口语交际教学的实际情况来看，创设这种情境的关键是设计有趣、科学的交际主题，激发学生的口语交际欲望，开展积极、情感化的口语交际活动，全面培养学生的口语交际能力。

（二）互动性原则

口语交际不是听和说的简单结合。它的核心是沟通，以互动为特征。只有实现互动，才能实现口语交际的交际功能。在互动式口语交际实践中，必须培养学生的口语交际能力。口语交际教学的互动性主要体现在师生互动、生生互动和群体互动的过程中。口语交际教学的互动性主要体现在口语交际上。同时，它还取决于声音高低、语速快慢、表情变化、身体姿势等通过口头和肢体语言传递情感和信息，使两个或两个以上的交流部分相互作用，从而积极地开展口头交流活动。

（三）实践性原则

口语交际教学是一项实践性很强的活动。

第一，学生应该在课堂上接受实践训练。在课堂上培养学生的口语交际能力。

第二，学生应深入社会，在现实生活中练习口语交际。

（四）综合性原则

口语交际是一项反映整体素质的活动。这些素质包括认知水平、言语能力、心理素质、思维敏捷性等。口语交际能力的培养目标不单一，内容和形式多样。要注重整体，加强知识、技能、情感的整合，促进学生各项素质的协调发展。

五、口语交际教学的途径

口语交际教学是语文科诸多教学项目中的一项，它有专门的训练要求、内容和序列；同时，口语交际训练又与其他训练相互影响，相互促进，关系密切。例如，解答、讲述倾听，是各项语文训练中学生普遍使用的训练样式，阅读教学中的朗读、复述、讨论，书面作文之前的口头操练，都离不开口头言语的表达与交流。所以说，口语交际训练牵涉到语文科的各项训练之中，只不过，口语交际课是专项训练课而已。口语交际教学与其他学科的教学在训练内容、训练方式上也有内在的联系。口语交际教学的内容选择必然地包括自然的、社会的、家庭的、学校生活的诸多方面，涉及各类知识；非语文科教学中同样要注意学生口语表达的有效训练，在讨论、讲述交流等方面，不仅要求知识的正确技能的熟练，还应要求口语表达的准确、流畅等。正因为如此，我们必须用开放的视野看待口语交际教学，拓宽口语交际的训练途径。总起来说，口语交际教学的途径有三条。

第一，上好口语交际专门课，进行系统训练。

第二，结合语文课堂教学其他课型，开展随机训练。

第三，利用活动课型，多侧面地拓展训练。

六、口语交际教学的方法

按照口语交际教学的需要，在实施的不同时段，可灵活运用各种具体的训练方法。概括来说，口语教学的方法主要包括以下几种（图6-4）。

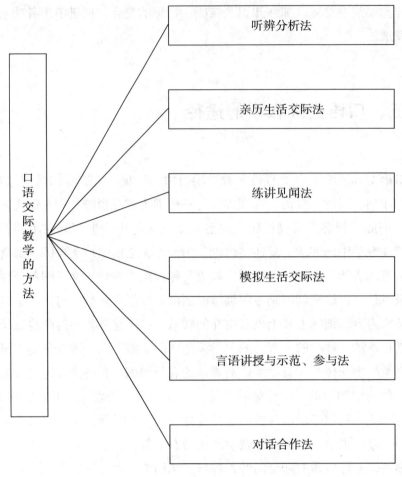

听辨分析法

亲历生活交际法

练讲见闻法

模拟生活交际法

言语讲授与示范、参与法

对话合作法

口语交际教学的方法

图6-4　小学口语交际教学的原则

（一）听辨分析法

一般来说，首先提出听力和辨别的要求，然后引导学生仔细听，用大脑辨别，最后让学生说出自己的观点。听力的内容可以是单词和句子，也可以是对错知识的判断。这种训练方法在语文教学中经常是随机进行的，但有时针对学生常见的语病进行特殊的强化训练也是非常有效的。在训练中，我们要注意培养良好的听力习惯，耐心倾听，积极思考，实事求是地指出问题。

（二）亲历生活交际法

根据训练的要求，让学生"亲历交际生活"的实际，从而在现实的生活交际中懂得交际的意义，学得交际的本领。这样的"生活交际实际"，与其说是教师创设的，不如说是教师发掘、选择生活情境并引进教学之中的。因为这样的生活交际是客观现实生活的一部分，有它自己的逻辑发展进程，并不是教师可以人为地修改、补充的。

（三）练讲见闻法

练讲见闻法是利用每个学生已有的生活经历，引导他们无拘无束地讲述的训练方法。因为取材广泛，方式自然简便，学生容易投入训练，会有较好的效果。这项训练法可以从低年级就开始，随年级升高逐步提高要求。所见、所闻、所思、所做都可以讲述。开始阶段，尤其要让学生大胆讲，不拘内容和形式，对学生的评价以鼓励为主，恰当指出言语上的问题。中高年级可提出讲述主题、讲述程序、讲述言语等要求，并在捕捉见闻、积累见闻、有见解地讲见闻等方面有所指导与训练。

（四）模拟生活交际法

根据训练的要求，模拟生活交际的实际，让学生学习交际技能。这种模拟，可以有操作、展示、游戏表演、采访对话等多种形式。因为是模拟，是一种人为环境的设置，所以，它比"亲历生活交际"的场景更有规定性，目标指向更为直接。模拟生活实际法，十分讲究情境设计的精致，例如，场景的安排、转换，人物设定，交际活动如何逐层展开，最后应达到什么效果，是否重复进行等，都需要进行周密的考虑。

（五）言语讲授与示范、参与法

这是教师在言语交际教学中基本的言语活动方式，主要包括三方面的内容。

第一，用言语向学生传授一定的交际知识、交际礼仪，既有陈述性知识的讲解，更重视策略性知识的亲授。

第二，必要时，为学生做交际示范，包括言语的示范、态势语的示范等。

第三，在学生言语操练的时间里，尽可能融入学生之中，参与操练。

总之，教师在学生口语交际的训练中应兼任指导者、示范者、参与者多种角色，并根据需要随时转换。

（六）对话合作法

这是口语交际训练中教师与学生之间、学生与学生之间交际操练的主要方法。是交际，就要用言语对话，可以两两进行，多人之间进行，小组内进行，全班乃至更大范围内进行。在实际交际之前、之后，有各种形式的交际准备活动、交际评价活动，这些活动除了有个人操练的形式外，基本的也是合作操练的形式。话语声声不绝于耳，这构成了口语交际课最经常、最大量的课堂形式。

七、口语交际教学的技术手段

随着现代科学技术的不断发展，学校教育的物质条件逐步改善，幻灯机、投影机、摄像机、语言实验室、电脑等纷纷进入课堂，走进教学，成为语文教学的重要工具。对口语交际教学来说，教育技术手段的丰富，使训练的方式方法更加丰富多彩。如学生可以在语言实验室里专注地学习语音、学习表达技巧；可以借助录音机、录像机把言语交际的场景、交谈的内容、姿态等全过程录制下来用于评价、矫正；可以和指定的对象对话，和教师交谈；可以通过网络参加虚拟世界的交际活动等。当然，各地的条件不一，实际的进程会不一致。但是，教育技术手段的日益现代化是大势所趋，口语交际还不仅仅是人与人之间的对话，将会相当程度上发展为"人机对话"，人类的合作、交际方式会不断有新的拓展。[①]

第二节　小学语文口语交际教学的目标

一、小学语文口语交际教学的总目标

《语文课程标准》在课程总目标中指出，口语交际教学要使学生"具有日常口语交际的基本能力，在各种交际活动中，学会倾听、表达与交流，初步学会文明地进行人际沟通和社会交往，发展合作精神"。

这一目标要求制定得概括、全面而又科学。

所谓"概括"，是说该目标站在整个九年一贯的义务教育基础上，将"口语交际的基本能力"的应用途径划分为倾听、表达与交流三个方面，提出了对学生进行口语交际训练的总体要求。

所谓"全面"，是说该目标涵盖了多方面的要求，涉及的内容全面，既有交际能力的要求，又有交际方式的要求，还有与交际活动相关的精神态度的要求，体现了口语交际教学在促进学生全面发展方面所应该发挥的重要作用。

所谓"科学"，是说该目标提出的要求适度，目标合理，具有三个

---

① 吴忠豪.小学语文课程与教学论.北京：北京师范大学出版社，2004.

"符合"。

第一，符合小学生的年龄特点、认知特点，将目标定位在"基本能力"上，强调了口语交际的基本能力为小学生学习、生活所必需的特点，在程度要求上力求贴近少年儿童的身心发展规律。

第二，符合口语交际的特点，强调了互动性和实践性，突出了交际能力在人际沟通和社会交往领域中的作用。

第三，符合现代社会生活的需要，其中涉及的"文明地进行人际沟通和社会交往""合作精神"，都是一个社会成员参与现代社会生活所必须具备的基本能力、基本素养。[①]

二、小学语文口语交际教学的学段目标

（一）第一学段（1、2年级）

（1）学会说普通话，逐步养成说普通话的习惯。

（2）能够认真倾听他人的发言，并努力理解演讲的主要内容。

（3）听故事，看影视作品，能复述主旨和精彩情节。

（4）能够更完整地讲述小故事，简要地说出感兴趣的内容。

（5）与他人交谈时要大方、礼貌。

（6）表达自信。积极参与讨论，就感兴趣的话题发表意见。

（二）第二学段（3、4年级）

（1）能用普通话交谈。在谈话中仔细倾听，就他们不理解的内容征求意见，并与他人讨论不同的观点。

---

① 张香竹.小学语文课程与教学论[M].北京：国防工业出版社，2009.

（2）能够掌握主要内容并能够简要转述。

（3）能够清楚地说出所看到和听到的，说出自己的感受和想法。

（4）能够具体生动地讲故事，并努力用语言打动他人。

（三）第三学段（5、6年级）

（1）在与他人沟通时能够相互尊重和理解。

（2）愿意参与讨论，敢于表达自己的观点。

（3）认真耐心地倾听他人的意见，能够掌握要点并简要汇报。

（4）表达要有条理，语气和语调要恰当。

（5）能够根据交流的对象和场合做一些准备，做一个简单的演讲。

（6）在交流中注意语言美，抵制不文明的语言。

深刻认识和贯彻落实《语文课程标准》中提出的学段目标，应该从以下几个方面入手。

第一，要突出口语交际的实践性特点。实践性是口语交际活动的重要特征，学生的口语交际能力只有在实践中才能得到磨炼和养成。口语交际教学要以这些实践方式为依托，指导小学生积极参与，多方接受训练，全面提高口语交际素养。

第二，要全面认识，把握并处理好交际态度、交际能力和交际技能之间的关系。学段教学目标，既对小学生的交际能力提出了要求，又对交际态度提出了要求，还对交际技能提出了要求。教学中要以培养交际能力为核心，将交际态度的激发与保持、交际技能的指导与训练贯穿于教学的全过程之中。

第三，要将整体性与阶段性结合起来。为此，需要正确处理整体性与阶段性之间的关系，要求每一学段口语交际教学都要围绕"口语交际基本能力"这一核心，不能只单纯关注一节课、一个单元甚至某一学期的训练，忽视了与整体目标之间的联系。同时要注重各学段在口语交际主题内容、表达质量和形式要求等方面的差异性，不能不分学段层次进行标准与质量要求无差异的重复训练。口语交际教学应该随着年级的升高，不断提高对学生的训练要求。比如训练的主题逐渐向复杂深刻且以理性思考成分为主过渡，第一、第二学段可以较多地进行观察类训练、介绍类训练、表演性训练，第二、第三学段就要有意识地多组织探讨式训练：训练的目标要求由对口语交际感兴趣、表达明白清楚、能听懂对方的讲话逐渐过渡到乐于交流、表达准确生动有条理、理解对方的观点和意图并逐步做到能抓住对方讲话的要点等。[①]

第三节　小学语文口语交际教学的策略

概括来说，小学语文口语交际教学的策略主要包括以下几方面（图6-5）。

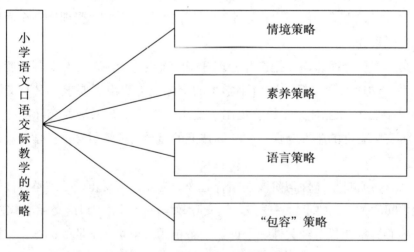

图6-5　小学语文口语交际教学的策略

---

① 张香竹.小学语文课程与教学论[M].北京：国防工业出版社，2009.

一、情境策略

（一）注重交际主体的设定

交际情境是由交际时间、交际环境、交际对象、交际形式等因素复合而成的。在创设交际的物质的硬环境的同时，要十分注重交际主体的设定。

第一，交际主体与交际环境是吻合的。

第二，交际主体是双方的或多方的。

第三，交际主体的关系是互动的，呈不断推进的连续状态。

教师虽然无法完全估计交际双方的具体过程，但对总体的交际过程和大致结果应该有一个设定。

（二）对交际情境进行"二度设计"或"原创设计"

教师要根据教学要求，凭借教材，因时因地、因人制宜，创设合适的交际情境，引发学生的交际欲望、交际情感并进行有效的交际训练。为了保证训练质量，教师需要对交际情境作细致的"二度设计"；如果教材没有情境提示或提示不够理想，教师还需要进行"原创设计"。这种"设计"包括对情境的类别、场次等作适当的规定。

从时间上区分，可以有课前准备情境、现场情境、课后延伸情境等。

从空间上区分，可以有学校情境、日常生活情境等。

从场次上区分，可以有一次性情境、多次情境等。

从内容上区分，可以有表演情境、生活情境、争辩研讨情境等。

要尽最大可能创造真实的生活情境，让学生亲历真实生活，学得实用的口语交际本领。亲历有困难，也需从生活的实际出发，模拟生活情境，或借用多媒体创设有关情境。对于那些教材中"交际性"不够强的训练项目，要设法使其"活"起来。总之，要让学生的每一次口语交际训练都充满生命活力，使由此训练出的口语交际水平成为一种在生活中拿得起、有分量的实际能力。此外，还要对交际情境的物质条件进行周密的考虑和准备。[①]

（三）在教学实践中进一步细化情境设计

在情境的早期设计中，应同时考虑培训要求和培训过程。但有时他们考虑不周。同时，在实际教学中，尤其是口语交际训练中，也会出现新的情况。这个话题在一定程度上是开放的，经常需要调整。教师应具备在教学实践中进一步细化情境设计的思想准备和实践能力。这种改进可能是数量的增加或减少，以及程度的加强或减弱。在大多数情况下，沟通情境的时间和空间、沟通内容和性格关系都会更加明确和具体。

二、素养策略

（一）培养文明态度

具有文明礼貌的态度是保证交际效果的重要条件，也是交际双方有修养的表现。对小学生的交际文明教育是与交际言语训练同时起步的，"有礼貌"、善于"向人请教"，语文课程标准中的这些要求要贯穿于口语交际训练的全过程。我们还可以把上述要求演绎得更具体些，如对人有合适的称呼，能运用一般的礼貌用语，交际中没有脏话、粗话，与人交谈，懂得基本的礼貌，交际中能把自己放在合适的位置上等。

（二）关注交际道德

口语交际中不仅是言语的交流，而且是心灵的碰撞，道德的交汇，因

---

① 吴忠豪.小学语文课程与教学论[M].北京：北京师范大学出版社，2004.

此，不仅要有得体的语言，也要有良好的道德。良好的交际道德主要表现为以下几方面。

第一，积极听取对方的讲话，尽量理解对方的处境和意图，对对方的讲话表明自己的关心。

第二，选择对对方表示尊重的、对方可以接受的、尽量准确的语言与对方讲话。

第三，保证举例的客观性、引用数据的准确性。

第四，正确对待交际中碰到的困难和问题，整个交际过程要表现出耐心和宽容。

（三）在实践中提高交际水平

口语交际知识就是言语知识。按照人们对知识的最新分类，它包含有一定的陈述性知识，总体上则属于程序性知识。它以人的心理水平发展层级为知识序列；它是一个网络式的全息的体系，其学习过程是一个由低级到高级、由简单到复杂、由生疏到熟练的过程；不少口头言语交际规则还具有"约定俗成"的特点。所以口语交际训练的主要方式不是学概念、学理论，而是进行言语实践的反复操练，即在口语交际的实践中提高交际水平。

三、语言策略

（一）研究并抓准口头交际语言的特点

进行口语交际训练必须遵循口头交际语言独特的语言规律。过去的口语训练只为书面习作打基础，具体表现为口语训练只在低年级进行，将看图说话、编童话故事、讲述一件事等无交际性的形式作为基本的训练样式，并完全纳入口头作文的轨道。中年级起直接进入书面作文。这种口语训练的语言样式是一种书卷体的口头语言，是书面语言的口头表达。在口语交际训练中要摆脱上述观念和做法，按照口头交际语言的规律实施教学。小学生的口头交际语言训练是一个贯穿各年级的系统的训练体系。它的特点主要包括以下两方面。

第一，确有为书面语言打基础的要求。

第二，作为与"习作"并列的训练项目，其语言样式也有自己的特点。如多用习惯语，句式简短灵活，省略现象严重，借助语音、态势语强化表现等。

所以，在口语交际教学过程中一定要研究并抓准口头交际语言的特点。

（二）研究并抓准每一项口头交际训练的具体语言特点

口头交际的种类是多种多样的。《全日制义务教育语文课程标准》要求"在各种交际活动中学会倾听、表达与交流"，这里的"各种交际活动"既包括不同类别的交际场合，也包括同一类别的交际活动的不同场合，这是一个不低的要求。赵元任先生曾把人们说话的类型排了顺序。

（1）照稿子念的独白，如作学术报告。

（2）剧本里的对话，作者是模拟实际的。

（3）有详细提纲或没有提纲的即席发言。

（4）连贯的会话，如电话谈心。

（5）夹杂着动作的独白或对话。

（6）在动作或事件中偶发的话语，如打球的时候。

（7）对某一情况作反应，如"对了"之类。

赵元任认为，不同类型的说话差别主要在句子结构上。

社会语言学家认为，口头交际时人们通常使用五种语体。

（1）礼仪的或刻板的。此类语体通常有固定的说话形式。

（2）正式的。一般用于与不认识的人的谈话。

（3）非正式的。通常用于跟相识的人谈论平常事。

（4）随便的。

（5）亲切的。家庭内和密友间使用的语体。

据此，在具体进行某一项口语交际训练时，必须找到相应的语言特色训练点和相关的训练途径。[①]

四、"包容"策略

这里所说的"包容"策略是指包容"听说教学"中的合适要求和有效做法，抓好口语交际的基础训练。对于小学生来说，口语交际训练常常是从交际性不太强的单项性的"听""说"训练起步的。

（一）把握要求

语文课程标准对1、2年级学生提出了6条要求，其中第1至4条都是"听""说"的单项性训练，主要是学说普通话，认真听话、听故事，学习复述、讲故事。第5、6条则是从交际态度、交际信心方面进行交际训练的初步培养。对3、4年级的学生，要逐步把基础性训练和交际训练有机地结合起来；倾听与交际行为结合；讲述故事，与低年级独白式讲述有所不同，要"努力用语言打动他人"等。学生进入高年级，必须投入全面的交际性训练。

（二）借鉴"听说教学"的合适要求与做法

数十年的"听说教学"积累了不少经验，如对"听"和"说"的要求提得比较具体，在口语交际教学中可以借鉴。

1.听

有良好的听话态度，认真礼貌，思想集中，边听边思考，不随便插话。低年级能听懂教师的提问、同学的回答，听懂一段话、一件事；中高年级听

---

① 吴忠豪.小学语文课程与教学论[M].北京：北京师范大学出版社，2004.

懂少儿广播，浅显新闻，了解主要内容，讲述要点。

2.听说

说普通话口齿清楚、声音响亮、语音正确、态度自然、表达流畅，养成先想后说文明用语等习惯。说话的能力在看图、观察、讲故事、讲事件中逐步提高，做到说清楚、有条理、用词用句比较准确。

（三）对某些交际性不强的听说项目适当"修补"

事实上，在中高年级听说教学中，有一些训练已经注意了交际性。在实际教学中，如想对某些交际性不够强的项目进行"修补"，可以通过限定交际时间、空间、对象、话题等手段加以完善。①

---

① 吴忠豪.小学语文课程与教学论[M].北京：北京师范大学出版社，2004.

第七章　小学语文习作教学艺术研究

　　习作教学是小学语文教学的半壁江山，是语文课程的重要组成部分。习作教学无论是对于全面提高学生的语文素养，还是对学生今后的生存和发展都有极其重要的意义。

第一节　习作教学概述

一、小学习作教学的意义

小学习作教学是小学语文教学的重要组成部分，也是为全面提高小学生人文素养打基础的重要教学活动。加强小学习作教学，具有十分重要的意义（图7-1）。

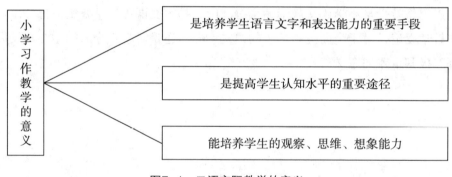

图7-1　口语交际教学的意义

（一）习作教学是培养学生语言文字和表达能力的重要手段

把自己亲身经历的或自己的所见所闻所想，用恰当的语言文字表达出来，是每个社会成员不可或缺的本领，而提高书面语言的表达能力，对于提高人类的素质，更有积极的意义。对小学生而言，将口头语言转化为书面语言，难度尤其大。因此，小学生书面表达能力的提高，必须经过较长时间的训练。习作教学是培养学生语言文字和表达能力的重要手段。

（二）习作教学是提高学生认知水平的重要途径

习作是学生认知水平和文字表达能力的综合体现。习作不仅体现了学生的语文水平，还可以看出学生的认知能力。学生受教师、家庭和社会的影响，对问题的看法必然会在习作中流露出来。学生的生活积累，以及对生活的认识，直接影响到习作，习作的长进与人的长进是密不可分的。因此，教师应有意识地让孩子接触社会，接触美好的人和事物，提高认识能力。要引导学生把习作和做人联系起来，培养学生认识生活，热爱生活，引导学生吐真言，写真情，反映真切感受。

（三）习作教学能培养学生的观察、思维、想象能力

无论是口头还是书面的表达能力，都离不开观察、思考和想象。例如，老师让学生观察天上的白云，有的学生观察粗略，有的学生不能将观察与想象结合起来，因而描述不出白云的形状、动态等。有的学生表达得条理不清，更是和思路不清有关。语言文字的表达就是这样跟观察、思维、想象活动联系在一起。在习作教学中，经过教师有意识的培养，学生一旦养成细致观察的能力，思维能够活跃起来，想象力丰富起来，习作时思路就会开阔，内容也就更加具体生动。所以说，习作教学对培养学生的观察、思维和想象能力具有积极意义。

二、小学习作教学应遵循的原则

概括来说，小学习作教学应遵循的原则主要包括以下几方面（图7-2）。

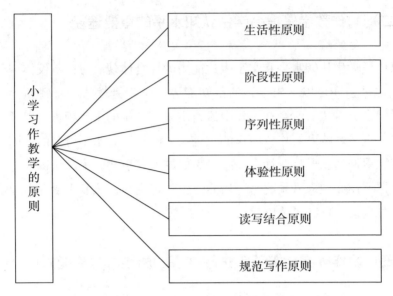

图7-2　小学习作教学应遵循的原则

（一）生活性原则

小学习作教学要引导学生走进生活，参与社会，储备大量的习作教材，让学生心中有积蓄，有话要说，有感情要表达。因此，教师应创造性地对待教材。要结合学生的认知规律和生活经验，注意联系学生的生活实际，吸收时代信息，引导学生广泛收集信息，储存大量的习作材料，不断拓展练习空间，不断拓展、补充或替换教材内容，使锻炼形式更加生动，锻炼主题更贴近学生生活实际，使生活成为学生习作的源泉。

（二）阶段性原则

小学第一阶段的习作教学主要是引导学生写句子，从完整的句子写作到带修饰成分的长句写作，再到句子群的形成。第二阶段是训练学生的段落结构，引导学生围绕句子写段落，初步理解段落的构成，并能够写一段清晰连贯的段落。第三阶段侧重于文章的形成，引导学生写出事物的因果关系，写出自己独特的感受。因此，在指导学生实践的过程中，教师应在阶段性目标的指导下，确定每门课的具体目标，做好每一学习阶段实践教学的衔接。

（三）序列性原则

小学中高年级的阅读教材由专题单元组成，每个主题都形成一定的知识体系。这些知识系统形成一系列的训练序列。在多个训练环节的语文实践中，提高了学生的语文能力和素质。同样，小学习作教学也具有序列性，这种序列训练要求教师准确把握训练目标，精心设计训练步骤，将多种训练内容结合成一个训练体系，提高学生的语言运用能力。

（四）体验性原则

在习作教学中，适时引导学生进行体验，能够激活学生的思维，引发学生的想象，激起学生写作的动机，实现自主习作、快乐写作的目的。根据学生参与体验感官的不同，体验可以分为活动体验、角色体验和情境体验。

1.活动体验
指导学生在练习前参加相应的活动，使学生对活动过程有亲身体验。

2.角色体验
这是使学生在故事中融入角色，用自己的思想、行为、情感和语言碰撞、替代、触摸、传达故事中人物的思想、行为、情感和语言，使故事生动有趣。

3.情境体验
情境教学具有形真、境远、意切等特点。在习作教学中，教师要善于创设各种习作情境，通过音乐、多媒体、现场表演等，带着学生走过亘古蛮荒，跨越时空长河，给人一种身临其境的感觉，从而让习作课堂变得鲜活而灵动。如播放一段音乐，让学生闭上眼睛想一想，听到音乐，你的眼前仿佛出现了怎样的景象，在这样的环境中可能会发生什么故事等。

（五）读写结合原则

加强读写结合，可以促进学生读写能力的同步提高。要加强读写结合，必须做到以下几点。

第一，要引导学生培养语言积累意识，教师应引导学生记住课文中出现的好词佳句，在阅读的基础上，从课堂积累到课外积累，不断丰富自己的记忆库，储存大量的语言资料，为习作打下坚实的物质基础。

第二，根据年段目标和课文特点，找到读写结合的切入点，经常开发一些随文练笔，从多个角度引导学生进行写作训练。

（六）规范写作原则

学习语文就是规范语言的学习，习作是教学生用标准语言进行书面表达的方式，所以，习作要强调句子的流畅和完整、语义的准确表达，这是最基本的要求；正确使用单词和短语，灵活使用不同的句子风格，段落要书写清晰，易于理解。因此，在习作教学中，教师应根据年度目标设置各写作训练点，锁定该训练点，引导学生规范写作。

三、小学习作教学的基本环节

小学习作教学的基本环节如图7-3所示。

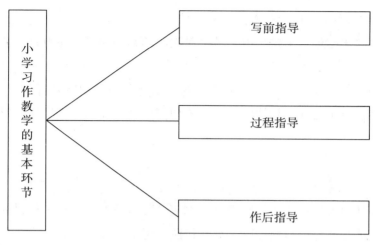

图7-3　小学习作教学的基本环节

（一）写前指导

写前指导是写作教学极为重要的阶段。这一阶段的主要任务是解决好小学生动笔写作的情感与动机问题，并以此为基础进而解决写作内容的来源问题。

1.激发习作兴趣

要激起学生强烈的写作欲望，让学生作文有一个自身的发表需要，心驰神往，眼前好像出现了自己惊异的画面，耳中好像回荡着镜中人的话语，脑中顿时闪过一幕又一幕熟悉的往事，心情激动，灵感来潮。

激发兴趣的方式主要包括以下几种。

第一，以忆激发兴趣。

第二，以境激发兴趣。

第三，以谜语、故事激发兴趣。

第四，以读激发兴趣。

第五，以演激发兴趣。

第六，以活动激发兴趣。

2.搜集、积累写作材料

写作教学的难点主要是由于学生对生活的感知和感受能力差，缺乏对生活的积累。遇到这种情况时必须首先解决问题，因为材料是文章的基本要素，任何文章都是由一定的材料制成的。毫无疑问，物质来自生活。然而，等到要写作时再去观察和体验生活是不现实的。因此，写作材料主要是靠生活积累的。

3.厘清文章思路

在写作时要厘清文章思路，列提纲应该在审清题意、选好材料的基础上进行。先要把选好的材料在脑子里排排队，考虑好先写什么，再写什么，应该分几段来写；然后用提纲形式把这些内容分条写下来。要确定哪些内容是重点，需要详写，哪些内容可以写得简略些。发现有可写可不写的内容，应该毫不留情地删去不写。

4.提供写作事例

作文指导还有必要给学生提供写作事例，或者叫写作例文。特别是低中年级，理解能力较弱，而贴近学生作文实际的例文，学生看得见，摸得着，也最管用，因而从某种意义上说，例文是对学生最得力、最实惠的指导。学生看了例文，就能"依样画葫芦"，写作文时有所凭借。

（二）过程指导

对学生写作过程中的指导应做到以下几方面。

第一，要注意尊重学生的个性，引导他们通过相互交流、讨论和独立思考，自己逐步领悟和掌握文章的结构，找到适合自己布局谋篇的思路和方法。

第二，要注意指导的科学性，需要根据小学生的思维与个性特点，参照语文课程新课标的学段目标进行。

指导的内容包括：如何围绕一个主题进行广泛思考，打开思路；如何在扩大思维领域、拓宽写作思路的基础上构思谋篇；如何选择适宜的文章样式和语言实现自己的表达需要。

（三）作后指导

1.批改

作文批改的目的，是让学生在写作实践中不断积累、反思和感悟，从而提高写作能力，养成良好的写作习惯。作文批改的方式是多样的，有教师批改、学生自我批改、学生互相批改等。逐步培养学生的自我改文习惯是习作教学的重要任务之一。因此，教师批改固然重要，指导学生自己修改也不可忽视，要将二者结合起来，具体做法包括以下几方面。[①]

（1）个别批改

对个别学生存在的个别问题宜采用这种方法。

（2）互批互改

学生之间互相讨论，共同修改，教师进行有针对性的辅导。

（3）师生共同批改

教师挑选一两篇带有普遍性问题的习作，展示给学生，共同讨论，学生受启发后再改自己的习作。

批改要考虑不同学段学生写作能力和修改能力的实际，批改时要充分考虑到学段的具体目标，不能随意提高或降低标准。

第一学段以培养学生的写话兴趣为目标，因此对学生的评价宜以鼓励为主，提倡打高分。

第二学段重点是在乐意写的前提下做到内容具体，较之第一学段提高了要求。

第三学段应全面达到小学的习作要求，在内容具体、感情真实的基础上，讲求一定形式，能写简单的纪实作文和想象作文，学写读书笔记和常见的应用文。

习作的批改还要考虑到学生的差异性，批改时区别对待，坚持从每一个

---

① 申晓辉，赵翠明.小学语文课程标准与教学[M].苏州：苏州大学出版社，2015.

学生的实际出发，实事求是，使每一个学生的写作能力都能在自己原有的基础上不断得到提高。

2.讲评

作文讲评的目的在于总结学生习作过程中的得与失，使学生发扬优点，克服缺点。做好习作讲评工作，能增强学生习作的信心，激发写作热情，提高写作能力。作文讲评要有针对性，围绕着本次习作训练的目标进行，还要发挥讲评的多种功能，不仅要对学生的语言运用能力进行评价，还应包括对写作态度、写作习惯、文德文风的评价。[①]

作文讲评的方式很灵活，常用的有综合讲评、典型讲评、专题讲评、对比讲评四种形式。在讲评之后，可以有针对性地安排写感想、修改病句、重新写作等活动，提高习作讲评的实效性。

第二节　小学语文习作教学的目标

一、第一学段（1~2年级）：写话

（1）对写话感兴趣，注意周围的事物，写下自己想说的话，写下想象中的事物。

[①] 申晓辉，赵翠明.小学语文课程标准与教学[M].苏州：苏州大学出版社，2015.

（2）在写话过程中乐于使用在阅读和生活中学到的词语。

（3）学习如何根据表达的需要使用逗号、句点、问号和感叹号。

二、第二学段（3~4年级）：习作

（1）愿意习作，在习作中建立自信，与他人分享写作的快乐。

（2）观察周围的事物，用非正式的方式写下自己的所见所闻以及自己的感受和想象的东西，并清楚地记录下自己觉得奇怪和有趣的东西，或者最令人印象深刻和感动的东西。

（3）能够通过简短的书信等进行交流。

（4）在习作中尝试运用自己平时积累的语言材料，愿意将自己的习作读给人听，与他人分享习作的快乐。

（5）对习作中存在的明显错误有进行修改的能力，能够根据表达的需要正确使用冒号、引号等标点符号。

（6）课内习作每学年有16次左右。

三、第三学段（5~6年级）：习作

（1）理解习作是为了表达自己和与他人交流。

（2）养成仔细观察周围事物的习惯，有意识地丰富自己的观点和信息，珍惜自己独特的感受，积累素材。

（3）能够写出简单的作品和具有特定内容和真实感受的虚构作品，可以根据练习内容中表达的需要分为几个部分。学习如何编写阅读笔记和常用应用程序。

（4）能够修改自己的习作，并积极与他人交换修改意见。确保句子流畅，线条正确，书写规范整洁。根据演示文稿的需要使用标点符号。

（5）习作必须以一定的速度进行。课堂习作大约每学年练习16次。

第三节　小学语文习作教学的策略

在小学语文习作教学时可以采取一定的策略，概括来说，这些策略主要包括以下几方面（图7-4）。

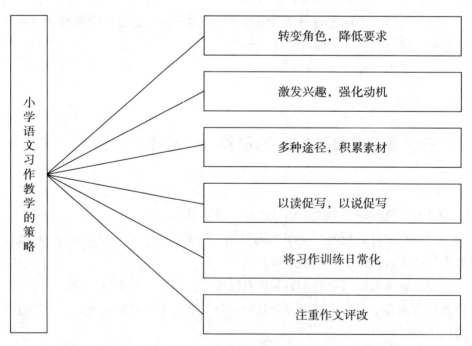

图7-4　小学语文习作教学的策略

一、转变角色，降低要求

（一）转变角色

小学生写作文最常遇到以下三类问题。

第一，学生不愿意写，没有写作的愿望。

第二，学生觉得没东西可写，缺少写作素材。

第三，不会写，缺乏写作方法、技巧。

教学时，教师往往把时间和精力放在解决第三个问题上，而缺乏对前两个问题的关注。这样一来，习作教学就变成了以教师命题，学生写作为主要形式，以传授写作的技巧为主要内容的活动。至于学生愿不愿意写，有没有内容可写则不在教师的考虑范围之内了。这源于把小学生的写作活动理解为学生个人掌握作文知识和技巧的单一性活动。在习作教学活动中，教师应该转变自己的角色，既要做一个写作知识的传授者，还要做学生情感体验的激发者以及写作素材收集的指导者。

（二）降低要求

教师在教学活动中扮演着非常重要的角色。当前，许多教师没有运用新课标理念指导教学，教学观念陈旧、落后。有的教师盲目拔高了学生习作训练的标准，不仅要求学生将作文写具体、写生动，还要体现高尚的情感、卓越的品质，将培养作家作为习作教学的目标。有的教师要求学生按照一定的套路来写作，学生写出来的内容千篇一律，缺乏个性，局限了学生思维的发展。在新课程理念的指导下，教师应该从学生知识的生长点出发，逐步实现螺旋式的全面提升，真正促进学生写作技能和语文学习质量的提高和发展。

二、激发兴趣，强化动机

兴趣是最好的老师，兴趣是写作文的动力。一旦作文课让学生产生了浓厚的兴趣，学生就会有积极性和主动性，写作时就会处于一种积极的状态。在作文课上，有四种常见的激发兴趣的方法。

（一）使学生明白写作的目的

这是一个关于学生写作动机的问题。要使学生产生强烈的写作动机，需要激发他们更高的社会需求，如沟通需求、认知需求、审美需求和表现需求。语文课程标准告诉我们，学生学习写作的目的是表达自己和与他人交流，其最终目标是服务生活，提高生活质量。这些对小学生来说是很难理解的，但教师可以鼓励学生通过生动的对话或创造有趣的情境来理解他们的高表达需求，如自我表达、沟通或自我实现，然后利用情境与学生一起确定作文主题和要求，让学生有兴趣地写作。

（二）创设情境

根据作文教学的目的，创设相应的写作情境，在轻松和谐的氛围中，鼓励学生进入特定的状态，找到表达的内容，把握写作材料，激发写作的灵感和激情。老师可以用有趣的词语来描述特殊的气氛，以拨动学生的心弦。根据写作的需要，我们也可以选择相应的影音课件来渲染气氛，让学生进入美丽的写作场景，给学生带来强烈的感染力。

（三）组织活动

组织贴近自然、贴近生活、贴近社会的活动，让学生在多姿多彩的世界中观察生活，积累多姿多彩的写作素材，让学生深刻感受美的节奏，激发其强烈的表达欲望。

（四）提供发表机会

建立习题展示平台，展示学生优秀的课堂习题成绩，编辑学生的个人散文集，也可以激发学生的写作和表达欲望。

三、多种途径，积累素材

知识在于积累，写作材料也是如此。因此，在激发学生写作动机的同时，教师应在教学过程中逐步培养学生的积累习惯，使学生有意识地写作。有意识地捕捉在学习和生活中出现的人、事物和风景，养成观察生活、体验生活、记录生活的习惯。

（一）通过阅读积累

为了提高学生阅读的效果和质量，教师还需要做好阅读指导。

（1）根据课标的要求，对不同学段学生提出相应的课外阅读要求。教师要对要求的落实情况进行监督检查。

（2）做好读书的指导，教给学生读书的方法。

（3）教学生如何写阅读笔记，使学生养成写读书笔记的习惯。写阅读笔记可以有效地积累词句，养成良好的阅读习惯。

（4）开展各种读书活动，巩固、展示学生的读书成果，形成学生持续阅读的动力。

（二）通过生活实践积累

生活是写作的源泉，没有丰富的生活实践，写作便如同无源之水。走进生活，体验大自然不仅可以让孩子体验到人与大自然的和谐，也有利于培养学生善于观察、乐于观察，用心体验周围事物的好习惯，丰富学生习作的源泉。因此，要让学生积极参与生活实践，亲身体验。要尽可能地创造机会，组织学生参加一些有益的活动，如春游、参观工厂、公益劳动、兴趣活动、各种比赛活动等，让学生从生活中、从活动中撷取素材，表达自己的所见、所感。只有这样，学生才会感到有东西可写，文章才显得真实、可信。要使写作教学贴近学生生活，教师要做到以下几方面。

1.尊重生活、体验生活、热爱生活

只有保持对生活场景的关注和对生活的热爱才可能获得真实、丰富的情感体验。在这方面，教师要以身作则，教师和学生分享感受、见解的过程也是潜移默化地影响学生的生活态度的过程。因此，让学生关注生活，教师首先要尊重生活、体验生活、热爱生活。

2.思考生活、表达生活

在观察生活、体验生活的基础上，教师还要引导学生思考身边的生活，指导学生多角度、有创意地反映身边的生活。

四、以读促写，以说促写

听、说、读、写是四种基本的语文活动形式，它们相互联系、相互促进，不可偏废。将阅读教学、口语交际教学和写作教学结合起来，可以极大地提高写作教学的效率。

（一）以读促写

心理学的相关研究表明，学生的写作经历了由仿到创的过程。写作始于仿写，而仿写要以读为前提。尤其是阅读教学中学生对课文的阅读，对学生的写作具有直接的借鉴作用。可见，学生写作能力的提高离不开阅读教学。

1.课外阅读常抓不懈

推荐图书、提示方法、精于组织，使学生的课外阅读更加有效，做好这项工作将会极大地提高习作教学的效果。

2.阅读教学中的写作训练

（1）读中写

在阅读教学中要合理挖掘教材内部的写作因素，以期有目的、有计划地进行写作指导。还可以加强仿写的指导，让学生模仿某些范文的立意、构思、布局谋篇或表现手法进行习作训练，拓宽学生写作的思路，从读、仿中悟出写的门径。例如，读书时随时将自己的感受、观点、疑问记录下来，以及在阅读教学过程中进行的仿写、政写、续写等训练，都是将阅读和写作紧密结合，以读促写的有效途径。

（2）读后写

例如教学《美丽的小兴安岭》后，可以把学习按时间顺序、抓住特点描写景物，作为一个读写结合的重点，安排学生进行写作训练。把引导学生写读书笔记作为写作教学的重要内容。久而久之，写作能力就会得到同步提高。

（3）写前先读

写作前阅读是指在写一篇关于某一主题的作文之前，先阅读与作文有关的文章，以期找到范例，便于模仿。也可以根据学生过去作文中存在的问题，在课堂内外找到文章，让学生先读后写，避免重复以前的错误。

（二）以说促写

1.听后说写

听后说写，就是让学生讲写有趣的故事和美丽的句子。按照由易到难的原则，可以先说一首简单的歌，让学生听，然后说，然后写。慢慢地，让学生记下他们在广播和电视上听到的小故事，然后告诉老师、家长和同学。这样，随着时间的推移，学生不仅有了专心听、背的习惯，而且提高了说、写的能力。

2.做后说写

教师可以结合少先队、班级的活动安排，或者有目的、有计划地组织学生参与一些活动，让他们把经过说出来，写下来，以培养他们的说写能力。如学校开展尊老敬老活动，活动一开始就动员大家做尊敬老人和长辈的模范。要同学们做一件尊敬老人的事，把事情的经过写下来。由于学生有了明确的目的，也注意了做的经过，所以写得既真实又完整。

3.读后说写

读后说写主要是结合阅读教学进行。如《我要的是葫芦》一课，写的是从前有一个种葫芦的人，不懂叶子跟葫芦的关系，只知要葫芦，叶子生了虫子他也不管。让学生以"第二年，那个人又种了一棵葫芦"为起始句，把自己的想象写下来，这样学生的思维想象能力就得到了锻炼和提高。

五、将习作训练日常化

写作作为一项技能，它的熟练和提高必然以经常练习为前提，因此很有必要将习作训练日常化。

（一）养成写日记的习惯

鼓励学生把自己每天学习和生活中的事情感想及见闻有选择地、真实地记录下来。坚持写日记，可以积累知识、积累生活经验和写作素材；同时给学生在课堂上展示自己日记的机会，好日记大家听、大家看、大家欣赏，学生的写作兴趣会一天天地浓厚起来。

（二）提高写作训练的计划性

写作的目的是适应生活，形成一种功能。因此，根据交际的条件和任务以及现代社会对信息交流的需求，我们应该充分重视写作教学的组织和设计。在具体的写作教学活动中，教师应根据交际对象和交际目的，有意识地安排相应的写作内容，如自我介绍、阅读笔记、说明书、信件等。使学生认识到，在不同的交际情境中，由于作者身份等的不同，在风格和语言上必然会发生相应的变化。

（三）养成做读书笔记的习惯

引导学生阅读更多适合其年龄和社会经验的书籍。无论是诗歌、寓言、童话还是小说，无论古今，无论通俗文学或科普读物，也无论中外作品，阅读的内容和范围都是不受限制的，越广越好。教育学生准备笔记本，找出好的名言，好的句子提取，随时积累写作材料，也能写出自己的精神感受。

六、注重作文评改

好作文是改出来的，教师要指导学生在作文写好之后多读、多改，注重作后评改。

（一）多就少改

多就少改的目的在于保护学生写作的积极性。在批改学生作文时，要尊重学生的原文，把错别字、病句和明显的常识性错误改出来即可，不能凭着教师的喜好和成人的写作标准盲目追求面面俱到。学生的作文不论好坏，都是他们的情感表达，教师改动过多，会极大地挫伤学生写作的自信心和积极性。因此，小学习作的评改应以鼓励为主。

（二）有意识地培养学生自我评改的能力

作文评改的目的在于逐步培养学生自我修改的能力，这是一个长期的过程。作文评改可分为自改自评—互改互评—师评三个步骤。

第一步，学生按教师提出的修改要求自读自改自己的习作，写上自己的评语，打上分数。

第二步，修改同学的习作，也写上评语，打上分数。

第三步，由教师检查点评。

培养学生自己修改作文的能力，不仅增强了学生的写作兴趣，还能有效提高学生的写作能力，也是培养学生主动学习的一种有效方式。

第八章　小学语文综合性学习艺术研究

　　语文综合性学习以语文学科为基础，强调语文学科与其他学科、学生生活与社会生活的整体联系。它以问题为中心，以活动为主要形式，以综合性学习内容和综合性学习模式促进学生的综合发展。这一发展的最终目的是全面提高学生的语文素质。

第一节　小学语文综合性学习概述

一、小学语文综合性学习的内涵

小学语文综合性学习以语文课程整合为基础，注重学科知识、能力和相关成果的整合，加强语文课程与其他课程的衔接，注重语文学习与日常生活的融合。为了促进学生语文素养的全面提升和协调发展，在全面提高小学生语文素养的同时，提高他们充分利用所学知识解决问题的能力，培养积极探索、团结合作、勇于创新的精神，通过与自然和社会的深入接触，增强学生的社会责任感和使命感。它强调学生的参与体验，改变标准化、模型化的学习方式，把以前相互孤立、缺乏活力的听、说、读、写环节转变为学生言语生活的动态实践，使语文学习从封闭的教学课堂转变为开放的家庭、自然、社会课堂。

二、小学语文综合性学习与几个相关概念的区别

小学语文综合性学习与几个相关概念的区别如表8-1所示。

表8-1　小学语文综合性学习与几个相关概念的区别

几个相关概念	区别
小学语文课堂教学	小学语文课堂教学的学习内容、学习时间、学习地点等基本是既定的，主要是在教室内按部就班进行的。而综合性学习则不受课堂时间、地点的限制，其学习内容更为丰富，学习时间更为灵活，学习空间更为广阔

续表

几个相关概念	区别
小学语文课外活动或语文实践活动	过去的小学语文教学也提倡开展课外活动或语文实践活动，但学习内容与活动方式往往比较单一，如成语接龙比赛、诗文朗诵比赛等。这些活动仍局限在语文学习活动内，并没有与学生的生活实际联系起来，并不能很好地体现综合性。而综合性学习把语文学习融合在丰富的生活与实践活动中，在活动中学语文、用语文，有助于学生体会到语文的意义
综合实践活动课程	综合实践活动是国家规定在小学至高中设置的一门综合性课程，是一门必修课。它强调学生通过实践，发展综合运用知识的能力。因此，综合实践活动课程虽然也强调综合，但它是一门特定的课程，有特定的课程目标与课程内容。而小学语文综合性学习，仍然属于语文课程，是语文课程的一种学习方式

三、语文综合性学习的意义

语文综合性学习具有重要的意义，概括来说主要包括以下几方面（图8-2）。

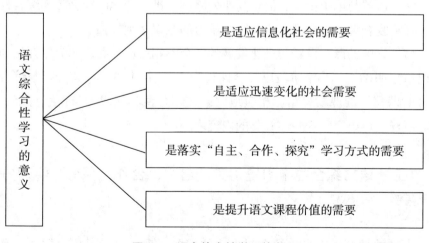

图8-1　语文综合性学习的意义

（一）语文综合性学习是适应信息化社会的需要

以往的语文教学注重的是知识的传承，时至今日，这种现状恐怕难以适应现在的学生了。因为当今社会是信息化社会，新的信息日新月异，层出不穷。在这样的信息时代，人的现代信息素养能力显得十分重要，不但要知道"是什么""为什么"，而且还要知道"到哪里找""怎么找"。在全球都在呼唤"让学生学会学习"的当今时代，旧的课程设置已不适应这一要求，"综合性学习"必然要进入语文教学中来。在语文综合性学习的过程中，学生为了深入研究某一课题，或调查访问，或实地考察，或上网查询，通过多种途径来获取信息，在这一过程中，学生收集和处理信息的能力得以逐步提高。

（二）语文综合性学习是适应迅速变化的社会需要

时代的发展、社会的变化对人才提出了全新的要求。新世纪不仅仅需要专业化、专家型人才，更需要创造型、复合型、合作型、个性化的人才。新世纪的人才必须具备主体适应能力、主体创造能力与主体实践能力。在这样一个变化着的时代，教育的时间、空间、内容、方式都正在发生革命性的变化。随着社会的不断发展，教育目标由专一、专学、专业、专才，发展到博学、广智、多能、通才；教育手段从单纯依靠教师言传身教走向集教师、教材、课堂讲授与电子传媒、信息高速公路等。迅速变化的社会呼唤综合性学习，呼唤复合型、创造型人才，综合学习的意识必须加强。

另外，旧的课程设置与迅速发展的社会不相适应。我国2001年开始的课程改革也明确了"小学阶段以综合课程为主""初中阶段设置分科与综合相结合的课程"的课改思路。相应地，语文综合性学习成了与识字写字、阅读、习作、口语交际等并驾齐驱的内容之一。

（三）语文综合性学习是落实"自主、合作、探究"学习方式的需要

先进的教育思想来自社会对人才的需要，来自对学习规律的认识和把

握。《语文课程标准》提出的"自主、合作、探究"的学习方式是现代人必须具备的品质。

1.自主

自主就是主动学习，在学习中表现出良好的学习自觉性和强烈的求知欲望，从而形成自我导向、激励和监控。

2.合作

合作就是在学生群体中为完成共同任务，进行有明确责任分工的互助性学习。

3.探究

探究就是创设一种类似学术研究的情景，学生在这种情景中去发现和解决问题，培养创新精神和探索能力。

应该说，自主、合作、探究是作为促进学生个体发展的基础教育不可忽视的一个目标，是一种新的教学思想的体现。长期以来，学生习惯于死记硬背和机械训练，形成了较强的被动性和依赖性。要改变这种状况，要使学生主动运用"自主、合作、探究"的学习方式，就必须设置一种全新的课程。这种课程要充满活力与魅力，能充分激发学生对学习的兴趣和好奇心理。

（四）语文综合性学习是提升语文课程价值的需要

语文综合性学习活动因其丰富多彩，显示出更加丰富的课程价值，主要包括以下几方面。

1.情感价值和鉴赏美、创造美的价值

开展有关服饰文化、饮食文化、体育文化、绘画文化、音乐文化等多种活动，可为学生提供多角度、多方面的情感体验，使学生获得健康的审美情趣，达到人格的提升和心灵的净化，并培养鉴赏美、创造美的能力。

2.智能价值

综合性语文学习活动通过多方面的综合与联系，全方位培养学生视听能力、实践能力、语言综合运用能力等，在涉及联想、想象、推理、分析、综合等活动中，学生形象思维和抽象思维得到协调发展。

3.应用价值

语文综合性学习活动使学生有机会接触丰富的文化信息和社会信息，提升人文素养，使学生语文知识得到综合运用，语文课程与音乐、美术、艺术、科学等课程相结合，从而使学生获得全面的能力和经验，使他们的学习生活变得丰富多彩、富有情趣。

四、小学语文综合性学习的重点

小学语文综合性学习的重点如图8-2所示。

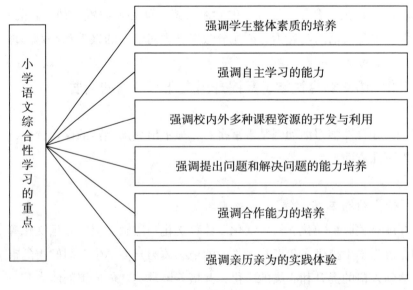

图8-2　小学语文综合性学习的重点

（一）强调学生整体素质的培养

语文综合性学习的目标中蕴涵着识字写字、阅读、写作和口语交际这四个方面的目标。"用口头或图文等方式表达自己的观察所得""用口头或图文等方式表达自己的见闻和想法"等就是这些目标的表述。可见，这些目标的设置，体现了语文综合性学习的价值所在，那就是尽量从多方面促进学生的发展，使学生的整体素质得到提高，成为一个全面发展的人。

（二）强调自主学习的能力

《语文课程标准》从学生学习主体的特点和需要出发考虑并设计"综合性学习"的目标，给学生比较多的选择余地，活动内容和方式通常可以自主选择确定。强调学生自主学习能力，改变以往教师讲、学生听的被动局面。尽可能让学生在一定的情境中、在兴趣盎然中、在不知不觉中主动参与学习，从而提升学生的整体语文素养。

（三）强调校内外多种课程资源的开发与利用

在语文综合性学习的目标中，要求学生多渠道地查找资料，关心学校、本地区和国内外大事，利用报刊、书籍或其他媒体获取有关资料，尝试用语文知识和能力去解决家庭与社会生活中遭遇的简单问题。这些活动、媒体、生活在语文综合性目标中出现，表明在语文综合性的学习中强调多种课程资源的开发与利用。

（四）强调提出问题和解决问题的能力培养

在三个学段综合性学习的目标中，第一、二学段都提出要有提出问题的能力要求，第三学段隐含着解决问题的能力要求，可见对提出问题和解决问题能力培养的重视。

（五）强调合作能力的培养

具有合作意识和合作能力是现代人必须具有的素养，然而多年来我们的语文教育在该方面一直有所欠缺，语文综合性学习板块的设置，正好弥补了这方面的不足，为合作提供了广阔的空间，能够促进学生学会同他人相处，学会同他人生活。

（六）强调亲历亲为的实践体验

在语文综合性学习的目标表述中，使用"组织、讨论、利用、尝试、策划、观察、收集、查找"等行为动词，强调学生的亲力亲为。正是这些亲历亲为的实践行动，使得学生产生丰富的内心体验，为帮助学生成为一个活生生的人而不是知识的容器奠定了基础。[①]

五、小学语文综合性学习的内容

语文综合性学习的内容如表8-2所示。

表8-2　语文综合性学习的内容

语文综合性学习的内容	具体阐述
语文学科自身体系知能的综合	这类课题基本上是在语言、文字、文学的学习和阅读、习作、口语交际的范围内，将听、说、读、写、书整合在一个题目之下，开展多种学习活动。如搜集春联，书写春联；选编自己的作文选等

---

① 蒋蓉.小学语文课程与教学论[M].北京：北京师范大学出版社，2015.

续表

语文综合性学习的内容	具体阐述
语文学科和其他学科的融合	这类课题打破了学科的细化和封闭，加强了学科之间的横向联系，架起了各学科之间的桥梁，各学科之间的融合强调运用各学科知识来探寻知识，注重学生知识视野的开拓，从而全面提高学生的语文素养。如搞小发明、写小发明论文、追寻人类起源等
语文学科与社会生活的结合	社会生活是语文的内容，语文是社会生活的工具。语文综合性学习尤其要扩大语文学习的资源，拓宽语文运用的时空领域。立足于语文学习与社会生活之间的天然联系，让学生走进生活、走进大自然，在一系列活动中观察生活、体悟人生。如搜集家乡变化的材料、记录家庭或成员间关怀友爱的事迹等

六、小学语文综合性学习的目标

（一）知识目标

小学语文综合性学习的知识目标主要包括以下几方面（表8-3）。

表8-3　小学语文综合性学习的知识目标

小学语文综合性学习的知识目标	具体阐述
与"活动主题"有关的知识	综合性学习往往要围绕一定的主题（或某一任务）而进行，研究这一主题或完成这一任务则可获得与之相关的知识
语文知识	综合性学习当然可以把学习某一（些）语文知识作为研究主题或任务，这样的综合性学习当然要达成一定的语文知识目标；而围绕非语文的研究主题或任务的综合性学习，也应尽量运用已有语文知识，从而巩固语文知识，并尽量获得新的语文知识
有关学习方法的知识	在综合性学习的过程中，对学习的方法必然有新的认识与感受

（二）能力目标

小学语文综合性学习的能力目标主要包括以下几方面。

第一，在实践中学习和运用语文的能力。

第二，搜集与处理信息的能力。

第三，运用新技术与多媒体学习语文的能力。

第四，发展智力，重点是想象力与创造潜能。

（三）情感态度目标

小学语文综合性学习的情感目标主要包括以下两方面。

第一，学习兴趣、探究精神与合作意识。

第二，"活动主题"所导向的情感、态度。

七、小学语文综合性学习的原则

（一）综合性

综合性学习的首要特征毫无疑问是综合性。因此，课程实施必须抓住综合性。"综合性"的含义是很丰富的（表8-4）。

表8-4　综合性学习

多层含义	具体阐述
学科知识的综合	如语文知识与自然、社会、艺术等学科知识的相互渗透，语文课程与其他课程的沟通
学习空间的综合	如课堂学习与课外学习的有机结合
学习精神的综合	如人文精神与科学精神的综合
知识与实践的综合	如把学到的知识运用到实践中，在运用中学习知识，学以致用

续表

多层含义	具体阐述
各种实践能力的综合	如阅读、写作、口语交际、调查、采访、搜集加工信息、策划、组织、合作、协调、实施等实践能力的综合
学习方式的综合	如书本学习、实践活动学习、专题研究学习、自主学习、小组合作学习、体验式学习等综合性学习方法
方法、过程、态度、情感、价值观的综合	如以正确的目标、饱满的精神状态、恰当的方法去完成一个出色的学习过程

（二）学科性

抓住学科性，就是抓住"语文"二字不放。语文学科的综合性学习，必须以"语文"为核心。语文的综合性学习，包括语文知识和语文能力的综合，也包括语文与其他的综合。后者应以语文知识为核心，向其他知识扩散；以语文能力的培养为核心，同其他能力结合。在整体学习活动中，以语文为主。

（三）实践性

实践是综合学习的重要特征。因此，有必要就"实际"一词开展工作。引导学生开展丰富多彩的语言实践活动，如书报资料检索、观察、调查、参观，或与学生、教师讨论交流、咨询专家等。总之，通过各种形式的汉语实践活动，拓宽汉语学习的内容、形式和渠道，使他们能够在广阔的空间里学习汉语、运用汉语，做到边做边学、拓宽视野、丰富知识、增强能力。

对"实践"二字的理解不能太狭窄。

从实践过程的角度看，它要求学生不仅要阅读课堂内外的书籍和资料，还要通过观察、调查、参观等实践活动来学习语文，提高运用语文知识解决实际问题的能力。

从实践的方式来看，学生可以根据自己的实际情况和学习内容，自主选择灵活多样的学习方式，可以自主探索，也可以合作交流。

从实践的手段来看，学生可以进入现实世界进行调查和访问，也可以通过现代信息技术进入网络虚拟世界，通过讨论和交流引导学生进入人们的精神世界和情感世界。总之，在不同学科的实践过程中，呈现出灵活多样的实践方法和手段。

（四）探究性

综合学习过程是探索与应用的过程，是理论与实践、学习与应用相结合的过程，是创新精神和创新能力的形成过程。强调在应用中探究，在探究中应用，有助于克服在课堂上抄笔记、下课后背笔记的学习方法。学习的重点是主动学习而不是被动学习。探索的过程也是创新的过程，在探索和创新的过程中，必须培养三种精神。

第一，怀疑精神。对于书本上的知识要持有怀疑的态度。

第二，探索精神。如果你有任何问题，探索并寻找答案。

第三，实践精神。求真务实。

但对小学生的创新必须有正确的观念，不要说创新就是发明。小学生的创新往往是与自己的内在认识相比较的。例如，一个学生通过自己的双手和大脑，探索和应用，获得了新的认识，因此他实际上就是进行了创新活动，取得了创新的成果。

（五）自主性

第一，要注意培养学生自主、独立的学习习惯和能力。比如由学生自主选择课内或课外的内容，由学生组织一些有趣味的语文活动，自主组织一些文学活动，就共同关注的热点问题自主搜集资料，调查访问，相互讨论，等等。

第二，要注意由学生亲自去感受和体验。这是突出"自主性"的基础。在全面学习的过程中，要注重对周围事物的细心观察，包括对自然、生活、社会等方面的观察，调动各种感官和思维，以获得各种情感。

第三，要注意培养学生的团队合作精神。这是突出"自主性"不可缺少的一环。自主性与团队精神并不矛盾，两者相辅相成。在学习活动中，学生要快乐，善于与他人沟通，学会沟通和协作。在交流与合作中，不仅培养了团队精神，而且还能从中得到启发，升华了自我感觉和经验，更好地完成了综合性学习任务。

（六）趣味性

1. 内容的趣味性

"综合性学习"要求打破语文教学长期以来的封闭状态，在教学内容上改革开放，大胆选择一些优美的、富有趣味性的学习内容。

可以组织学生欣赏音乐、美术、书法、工艺、科技作品，指导学生感受它们的美感特性和人类的创造才能，描述自己的所见所闻，表述自己的想法。

可以组织学生观察一些优美的自然景观和人文景观，指导学生用语言描述见闻和感受。

可以组织观看儿童剧、戏剧小品、动画片等，要求能识别其中的主要人物（动物），能讲述故事梗概，能用比比画画和说故事的方式描述所见到的具体情景和自己印象最深的内容。

可以组织"校园宣传语"评说活动。让学生收集学校各种各样的宣传语，然后比较分析，评判优劣，或给予修改。

像这样内容健康、富有情趣的语文综合性学习活动，可以使学生从中得到很好的锻炼和陶冶，也可以使语文学习的综合性、人文性、工具性、实践性、创造性得到很好的体现。学生从中尽情地、自由地体验语文学习的快乐和满足，获得身心的和谐发展，从中养成处处留心生活、处处学习语文的良好习惯。

2. 形式的趣味性

在综合性学习中，要积极创设一些富有情趣的学习形式。

可以指导学生根据课文的描述，揣摩作品人物或动物的神态、表情、动作、语言和心理，加上自己的想象、创造，进行绘声绘色的表演，有条件的可以自编自导自演。

可以组织字谜、成语等方面的文字游戏活动。

可以举办配乐诗歌朗诵会、故事会、小话剧表演等活动。

可以开展"好歌人人明"活动。每人准备自己最喜欢的歌曲，用唱唱、说说、写写的形式来开展活动。

可以介绍歌的内容、曲调和有关的趣闻，可以写海报、节目单、手抄报，可以进行口头作文等。

像这样一种集音乐、艺术、表演等为一体的综合性学习活动，形式生动、趣味性强，学生从中培养了广泛的兴趣，审美体验不断得到丰富和升华，鉴赏美、创造美的能力不断得到提高，身心得到健康发展。

八、小学语文综合性学习应注意的问题

语文综合性学习是语文课程改革的热点、亮点，更是语文课程改革的难点，其中有许多问题还亟待深入研究。根据目前语文综合性学习的实施情况，在实施中应注意以下几点。

第一，综合性学习是语文课程的重要组成部分，语文教师一定要有组织学生进行语文综合性学习的意识。

第二，从本质上来说，综合性学习的内容和方法是高度个性化的，不同地区、不同学校、不同学生的综合性学习的内容和方法应该有自己的特点，不能被他人生硬模仿。

第三，综合性学习作为语文课程的基本内容，所有学生都必须参加完成。教师不应具有功利性思维，而应将其转化为少数优秀学生的专利。

第四，开展综合性学习要循序渐进地进行，由浅入深、由简单到复杂，注意对学生进行及时激励。

第五，不要用旧思路指导语文综合性学习。有些教师没有认清"综合性学习"与阅读教学的区别，将教材中的"综合专题"处理成"讲读课文"而按部就班地进行教学。有些教师指导学生开展综合性学习只是为写作收集资料、积累素材，这些都是不正确的。

　　第六，不要越俎代庖，以教师的规划思考阻碍学生的自主探究。

第二节　小学语文综合性学习的策略

　　小学语文综合性学习的策略如图8-3所示。

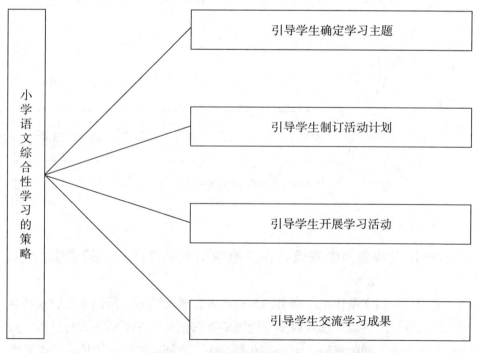

图8-3　小学语文综合性学习的策略

一、引导学生确定学习主题

在语文综合学习中，主题是活动的灵魂，没有主题，活动就会失去方向。活动内容分散，不利于学生语文素质的提高。要引导学生确定主题可以从以下几方面入手（图8-4）。

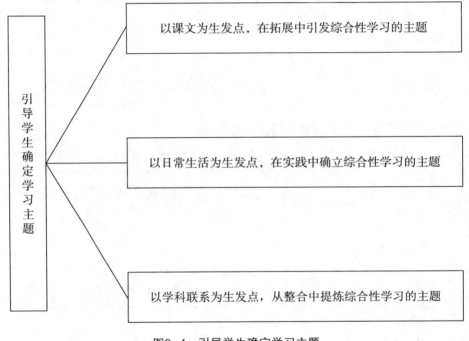

图8-4　引导学生确定学习主题

（一）以课文为生发点，在拓展中引发综合性学习的主题

无论是一篇文章还是一部书，都是作者思想的结晶。但他人之思未必尽同于自我之见。再者，读者对文章内涵的理解也有一个不断深入的过程，且不同的人会有不同的感悟。因此，在教学中，教师可以教材为依托，引导学生确立学习的主题。例如，一位教师在教《麻雀》一课时，学生提出："老

师，是不是所有的动物在自己的孩子遇到危险的时候都会不顾一切地救孩子呢？"教师及时抓住契机，引导学生确定了"动物妈妈和孩子"的综合性学习主题。

（二）以日常生活为生发点，在实践中确立综合性学习的主题

教师要利用学生对周围事物的好奇心，引导他们仔细地观察、深入地思考生活中的各种问题，关注社会中形形色色的现象，促使学生从中产生综合性学习的主题。例如，可引导学生将目光投放到大自然和身边的事物上，"随我去旅游"介绍各处的地理位置、景物特点以及那里的风土人情、经济状态等；"菜市场里的收获"让学生调查、了解、交流菜市场里物品的名称、形状、种类、价格等。

（三）以学科联系为生发点，从整合中提炼综合性学习的主题

语文学科与其他学科之间有着千丝万缕的联系。教师要注意引导学生打破僵化的学科框架，锁化学科界限，让学生从语文学科与其他学科的联系中发掘语文综合性学习的主题。这样，有助于学生在学科之间汲取多方面的营养，综合性地学语文，全面提高语文素养。如在学了《赵州桥》以后，老师引导学生把科学课中的《桥》有机结合起来，确立了"桥的畅想"综合性学习主题。然后引导学生从赵州桥的历史与结构特点入手，探讨桥的历史发展、力学原理、社会功用，培养学生的语言表达能力和动手、动脑的意识和能力。这样，就把语文学习与其他学科学习有机地结合到了一起，实现了学习内容的整合，促进了学生语文能力的发展，提高了教学的整体效益。

二、引导学生制订活动计划

教师要根据具体的教学情境在确定的综合性学习活动主题的引导下，指

导学生研制综合性学习活动的计划，这是培养学生规划、组织能力的过程。在准备阶段，教师应尽量放手让学生自主研制活动计划，引导学生从多个角度思考分析问题，讨论解决问题的途径和线索、具体的研究思路和措施，在学生群体中达成共识，制订出合适的综合性学习活动计划。

教师要引导学生充分发挥小组的作用，在组长的指导下制订活动计划，使每个小组成员都能明确活动的时间、内容、方法和分工，培养学生的自主意识和合作精神。一方面，根据每个学生的兴趣爱好、个性特点、知识水平和能力水平，引导他们在小组中完成相应的任务。例如，一些学生擅长信息技术，可以鼓励他们使用网络收集数据；其他人擅长绘画或摄影，可以建议使用摄影数据来显示他们的学习成果等。另一方面，必须利用综合学习机会，使一些能力发展不均的学生能够发挥和发展他们的长处。

三、引导学生开展学习活动

这是综合学习的关键。在确定活动主题并制订活动计划后，学生必须进入活动的实践体验，探索问题解决阶段。这一阶段的主要内容如下。

第一，筛选信息数据。

第二，寻求问题的具体解决方案并付诸实施，直到取得相应的结果。

第三，团队成员之间的合作，各种形式的人际沟通、交流等活动。

由于小学生年龄较轻，学生活动在增强自主性的过程中，也要避免放任自流。教师应根据当地情况，对学生所开展的活动进行适当的指导。例如，"组织书法展"如果有当地的书法展，可以组织学生参观；如果学校有书法好的学生、老师和家长，可以邀请他们提供作品并组织展览；如果班上有很多喜欢书法的学生，也可以组织班上的书法展。教师要了解和重视学生群体的自由组合、小组的过程和群体活动的推进。有些学生由于性格或家庭原因，不善于与他人交往，可能没有一个小组愿意接受；有些小组人数太多或太少，无法开展活动，在出现了这些情况的时候，教师应协调工作，培养学生的合作精神和活动的策划与实施能力。

这一过程是学生知识和能力的提高过程，也是学生情感态度和价值观的发展过程，不能简单地追求问题解决的结果。即使有些问题没有解决，也不意味着学习失败。我们必须关注学习过程和方法，让所有学生都参与进来，把解决问题变成一个新的起点。

四、引导学生交流学习成果

这是一个测试成绩的阶段，一个分享成绩的阶段，一个学生相互评价、自我反思的阶段。教师要鼓励和协助学生建立自己的综合性学习档案，指导学生及时保存活动过程的相关资料，及时总结活动过程中的实际体会；评价时应注意对学生的各种活动方式给予充分的肯定，多发现学生的优点和长处，鼓励和表扬学生，为学生树立信心、更好地在综合性学习活动中提升自己的语文素养打下良好的基础，并尽量促使学生以此综合性学习为新的学习起点，拓展延伸，积极主动地进行更深入的学习。

附　录

核心素养下的课程研发与实践

——关注人本发展的"开·元"课程

　　济南外国语学校开元国际分校，近二十年来一直是一所为人瞩目的学校，它秉承济南外国语学校的办学理念：致力于每一名学生的健康成长。以"培养具有中华根基，国际视野，跨文化交流能力的复合型人才"为育人目标。学校先后被评为："全国外国语学校教研联盟校""省规范化学校""省教学示范校""省中小学德育工作先进单位""省师德建设先进单位""济南市中小学'学生行为规范建设示范校'""济南市家长满意学校"等。

　　济南外国语学校开元国际分校自建校以来就一直走在课程改革的前沿，一路风景一路高歌。建校初就进行了基于育人目标的国家课程校本化研究。为培养气质出众的开元学子，学校为3~6年级男生开设武术课程，为女生开设形体课程。一座松尾艺术楼五位专业老师三十八架钢琴，每年让进二百名学生徜徉在美妙的钢琴世界。2012年，根据学校寄宿制的特点，学校自主研发了"学生生活指导"课程，并获省优秀教学资源一等奖……十几年来，学校坚持开设了几十门选修课程，开发学生潜能，培养学生个性。

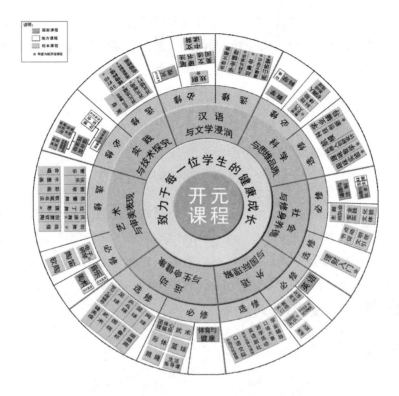

济南外国语学校开元国际分校课程体系图

2015年初，学校根据《教育部关于全面深化课程改革落实立德树人根本任务的意见》和《济南市教育局关于进一步深化义务教育课程改革的意见》进行了新一轮课程改革，全面落实"中国学生核心素养"，并将部分国家、地方、学校课程中教学目标及教学内容重复交叉的部分进行优化整合，积极建设"开元"课程体系。"开元"一词既是取自校名，更是旨在让每一名学生开化启智、开笔立规、开天养德、开阔视野、元本发展，也是学校开放办学的具体体现。开元课程共分：外语与国际理解、汉语与文学浸润、艺术与审美表现、科学与思维品质、运动与生命健康、实践与技术探究领域，每个领域各分必修课程和选修课程。其中必修课部分，学校将部分国家、地方、学校课程中教学目标及教学内容重复交叉的部分进行整合后，剩余的内容分年级按主题研发了"综合地方"课程，并新增设"教育戏剧""国际礼仪""电子钢琴"等课程。

一所受人瞩目的学校，不在于获得过多少荣誉、硬件多么优良，而在于是否获得学生、家长、社会、同行的认同。所以，课程体系的建设和优化尤为重要。下面将从六个方面具体介绍学校的课程规划。

国际视野：

融多元文化，塑国际范儿

近年来，学校不断丰富内涵，凸显了外语教学特色。学校倡导"听说领先、读写跟进"的英语教学思路，为培养学生说一口"洋腔洋调，原汁原味"的英语，提升学校学生的英语核心素养，开阔学生的国际视野，学校制订了英语学科发展计划，从课程建设、教学目标、教学模式、活动课程等方面对英语课程建设进行了系统的规划。

英语课程

学校从一年级起开设英语课和外教口语课，让学生一入校就能听到外教纯正地道的发音，为学生语言能力打下基础。生动幽默的外教口语课让学生与来自英美国家的外籍教师真实交流，了解英美国家的文化。英文阅读课丰富了学生的英语课外阅读，让学生在英文绘本中习得语言知识。在教材的选择上，学校1~3年级使用全国外国语学校系列教材《小学综合英语》，4~6年级使用《剑桥国际英语教程青少版》，教师在课堂上选用的英文歌谣、绘本故事等均是国外原版资源，以保证学生听到"原汁原味"的英语。坚持1~6年级英语课全英文授课，并在3~6年级实行英语微班化教学，每班16~18人左右，使每个学生都能得到老师的个性化指导。此外，学校还制定高于普通小学的英语技能目标，以提高学生的外语综合运用能力。创设先进课堂教学模式——"技能进阶法"，即以关注学生的听、说、读、写四项基本技能的形成为主旨设计课堂教学，提高英语课堂教学质量。

国际礼仪课程

为落实学校的育人目标，在"外语与国际理解"领域增设国际礼仪课。在1～5年级范围开设，每两周一节，引进英国小学生礼仪原版教材，目的是让学生感受西方文化，增强国际理解，掌握规范的西方社交礼仪，提升学生文明素养。为保证教学效果学校专门邀请了来自英国的Markus博士和来自美国的教育专家Paula博士对授课教师进行国际礼仪培训。在教学过程中注重情境创设，让学生在真实的环境中体验学习。根据学生的年段特点设置就餐礼仪、派对礼仪、行为礼仪、着装礼仪、社交礼仪、公共场合礼仪、家庭礼仪、旅行礼仪等学习内容。

国际礼仪课

外语特色活动课程

为帮助学生拓展视野，丰富体验，学校创设了丰富的外语特色活动课程。学校的特色品牌活动"开元之星"英语口语大赛已经成功举办了十二届，为每一位学生搭建了一个展示英语口语的舞台。每年的外语艺术节让更多的学生展示精彩的英语才艺。校园多国文化展，让学生足不出户，就可饱览世界各国的风土人情，沉浸在浓浓的英语文化氛围之中。另外，每学期人人参与的英文诵读活动，促进了学生良好的英语读背习惯的养成。由英语剧社排演的英语剧《音乐之声》《睡美人》《向日葵小小班》《梦想的糖果》均获省、市级中小学艺术展演一等奖。利用假期组织开展的海外游学课程，让学生游学在英国、加拿大、澳大利亚等英语国家，真切体验异国的文化，拓展了学生的国际视野。

第十二届"开元之星"英语风采大赛

中华根基：

植根民族传统，积淀人文情怀

文化是人存在的根和魂，而中华民族上千年的传统文化更是炎黄子孙的根基和智慧结晶。学校秉承"培养具有中华根基人才"的育人目标，将"民族意识、爱国情操、传统美德、文化底蕴"作为学生的基本素质，让学生真正根植在民族文化、中华沃土之上汲取营养，积淀人文情怀。

经典诵读课程

高尔基曾说：书籍是人类进步的阶梯。读书决定一个人的修养和境界，关系一个民族的素质和力量，影响一个国家的前途和命运。学校设置了以"营造书香校园，师生共同成长"为主题的"师生共读一本书"特色课程，课程内容包括"经典诵读课""古诗文畅游课""诗文读背课"等。

首先，从课程内容设置上来说，学校本着"诵记经典，修心养性"的原则，在学业道路的起点上，让学生像一粒种子一样播种进中华文化的深厚土壤中。从一年级的《千字文》《三字经》等到每学年一本的《古诗文诵读》，再到老师们"精中选精"后自己精选修订的校本古诗文诵读书，从篇目和品质上做好保证。六年下来，开元学子积累了至少500首诗词，近100篇经典文言文，为学生形成自己的审美情趣和文学语感奠定了坚实的基础。另外，每个年级每个学期都规定必读经典书目和选读经典书目，这既调动了学生的阅读兴趣，又能做到有目的地引导，并且对学生个性化选择给予了充分尊重。

经典诵读

其次，结合寄宿学校特点设置"晨诵晚读"课程。学生早上大声诵读经典，晚上读书时间沉下心来走进经典。学校在学期初就制订出整个学年的每周的读书计划，保证经典书籍能够有计划、有步骤地落实，从而实现扎扎实实读经典。

再次，"大课小课"的丰富课程形式让理解和感悟经典渐次深入。"大课"是经典导读和交流课，既激发学生阅读兴趣，又能从读书方法上引导学生，让学生在诵读过程中真正领悟到经典中蕴含的民族胸怀、风骨、智慧和民族审美心理。所谓的"小课"是指其他灵活多样的课程形式，如"古诗文畅游课"，以配乐诵读与歌唱的方式诵读经典；"燕山讲堂"选修课是在唐诗宋词、四大名著、《三十六计》等诸多经典中深度解读、赏析经典；"好书推荐"在分享经典中多读经典；"古诗文读背课"每学期两次，打破年级界限，相互展示经典背诵成果，形成相互影响力……另外，学校倡导学生读纸质书籍，充分利用校图书馆、走廊自主书吧、各班自建的图书角，让整个校园处处洋溢着书香。

最后，从课程评价机制上来说，学校每学期都有"读书考级"测试，检测一学期的诵读经典的成果。学校专门给每一个学生设计了"读书考级证书"，上面清晰地记录着从一年级到六年级的诵读经典学习过程，这些也成为开元学子独有的"诵读经典"的成长记录！

节日课程

中华民族的传统节日保留了中华民族文化中最具代表性的一面。其中悠久的历史背景、习俗文化、丰富的节日活动，更反映出了中华民族的传统习惯、道德风尚、民族心理等。节日课程本着"以生为本、生动有趣、形式灵活、兼容开放"的原则，不限时间、地点、形式、内容，营造出浓浓的节日氛围，充分让学生浸润在传统节日中。

首先，课程内容选择重在"博大与丰富"。注重让学生搜集节日来历及相关神话、传说、天文、地理、术数、历法等人文与自然文化内容；了解中国各地不同的传统节日习俗、饮食文化；感受传统节日的传承与演变，了解每个节日所蕴含的人文情怀等；我国各少数民族也都保留着的特色传统节日内容，诸如傣族的泼水节、蒙古族的那达慕大会等，也都纳入其中，使学生能全方位、多角度地接触和了解。

其次，课程实施的方式重在"灵活与趣味"。可以是国旗下的主题演讲、节日主题活动课、跨年级的大型节日图片文化展课；还可以是走出校园向生活中延伸的参观课、体验课，让学生在节日课程的丰富内涵、民族特色中形成自己的民族道德与民族心理。例如：春节，我国最隆重的节日。我们每年让学生用不同的方式去感受春节的不同层面的文化内涵，从春节的起源、关于春节的传说故事、不同地区的春节习俗、不同历史时期的春节、当今的春节、文人笔下的春节、我家的春节等多视角、多层次地去感受春节对于中国人的意义。学生不仅学习了节日文化，还树立了家国意识，增强了民族自豪感，自觉弘扬了民族文化，传承了民族精神。

民族的就是世界的，开元学子在博大精深的民族文化中逐步形成自己的民族意识、爱国情操、传统美德、文化底蕴，渐渐养成"腹有诗书气自华"的独特气质。

艺术审美：

感悟艺术魅力，提高艺术素养

为培养学生正确的审美观念，陶冶高尚的道德情操，全面提升艺术素养，学校积极贯彻落实省教育厅《关于印发<山东省学校艺术教育普及计划（2015—2017年）>的通知》精神，加强艺术课程建设，做强学校艺术教育工作。

艺术名片课程

学校重点打造了钢琴、芭蕾、合唱、拉丁舞和英语剧五张艺术教育名片。固定课程内容，规范上课流程，开设松尾艺术楼、芭蕾舞坊、五线时空、拉丁教室、开元舞台等专门活动场地，举行芭蕾班钢琴班汇报演出检验学习成果。经过培训，学生的专业技能达到较高水平，在每年的专业考级、省市等各级比赛演出，学校六一节或圣诞节艺术汇演中出都有出色表现，成为学校艺术教育的亮点。

艺术必修课程

为了促进学生艺术素养均衡发展，学校在上足国家规定的音乐美术课内容外，增设了电子钢琴、陶笛、软陶等必修艺术课程。电子钢琴首先在一年级开设，学校引进戴纳索斯（DNSS）国际电钢课程模式。此模式突破了传统一对一教学的局限性，让每个学生都能接触到钢琴的基础知识，同时将完善的教学体系与硬件完美地融合在一起，以丰富多彩的动画方式渗透课堂知识，大大提高了学生的学习兴趣。为了进一步落实国家教育部"体育、艺术2+1"项目，学校开设了民族乐器——陶笛课程。结合各年级学生的基础和年龄特点，设定阶段性教学内容和目标：一至三年级，学习12孔高音（SC）陶笛，四至六年级学习12孔中音（AC）。陶笛是具有深厚中华民族文化内涵的"平民乐器"，学生从小学习民族传统乐器，可加深对中国传统艺术的认识和了解，培养他们从小热爱民族文化、艺术，让更多学生从小就树立坚定的文化自信。软陶艺术课程目前在一二年级开设，结合国家教材与学生生活实际，选择学生喜闻乐见的学习内容，如制作可爱的瓢虫、美丽的孔雀、生动的文具、创意的瓶子装饰等，重点培养学生的动手制作与创新能力，深受学生们的喜爱。通过学习，学生的立体造型能力得到了发展，表现创造力得到了提高，审美素养得到了提升。

艺术必修课

艺术选修课程

结合育人目标，为培养学生兴趣，发展学生个性，发掘学生艺术潜能，学校开设了管乐、民乐、国画、线描、街舞等二十多门艺术选修课程。学校开启网上选课系统，每位学生可根据自己的兴趣爱好在网上选报两门课程。选修课程对学生实现了全覆盖。学生每学年可调换自己的选修课程，在充分体验中发现和发展自己的兴趣和艺术才能。

艺术活动课程

学校充分利用社会艺术教育资源，让艺术大师走进学校，提升学生的艺术品位，让更多的学生成为受益者。学校聘请山东艺术学院院长张志民、山东省音乐家协会副主席王信义、山东合唱协会秘书长、济南儿童剧院丁小秋院长以及省市电视台知名主持人等社会文化艺术团体专业人士来校兼职进行指导艺术，以确保艺术教育的质量。另外，加强与社会艺术团体的合作，开展丰富多彩的艺术活动，为学生搭建艺术展示的平台。在山东省美术馆举行专场学生作品展，参加济南市中小学艺术展演，参加市中区美育课程阶段成果汇报展。活动的成功展示不仅体现学校艺术教育的良好成果，更加深了学生对艺术的信心与热爱。

2015年暑期少儿美术作品展

艺术教育，成人之美。较为完善的艺术教育课程体系，不仅传承了优秀的文化艺术，更成全了学生发现美、欣赏美、追求美、创造美的生命优化历程。

教育戏剧课程

主要以教育为目标，以戏剧为内容，通过游戏、创作、表演等形式，以促进学生个人价值观的形成和个人生命的成长。学生从实际参与中学习、体会，在获得美感经验的同时也提升了知识水平和生活技能。学校在借鉴台湾教育戏剧上课模式的基础上又融入了香港的教学形式与教学内容，同时结合自己学校的学生特点，设计和规划了各年级的教学内容与教学目标。为了提高老师们对教育戏剧的认知与教学能力，学校先后派30余名老师参加了北京、杭州、武汉、济宁、济南等各地的戏剧培训，亲临香港、台湾戏剧专家的工作坊，接受专家的指导。在实际的教学中，老师们学以致用，将专业、丰富、活泼的上课形式带到自己的课堂，教学效果明显深受学生的喜爱与家长的赞同。课堂上学生不仅了解和掌握了一定的戏剧元素与戏剧方法，并能将其灵活运用，解决了语言运用、口语表达、学科知识掌握等方面的问题，增强了学生的戏剧艺术素养，在解放天性、启迪心智、完善学生人格以及创造性方面也得到了新的突破。

成熟的艺术课程体系，丰富的艺术体验活动，培养了学生的全面审美追求。我们的艺术教育课程，实现的不仅是文化知识的传承，更是在培养学生的创造力、想象力和追求更高品质生活的能力。

戏剧表演

种德养心：

优化教育资源，助力健康成长

为培养学生的现代公民素养，学校遵循"由外而内、刚柔相济、宽严分明、操行并举"的管理思路，"大处着眼，小处着手"，抓住学生成长的重要节点，以文明引领成长，形成独具特色的德育课程体系。

文明引领课程

学校作为文明高地和文明风尚先行者，有责任为国家培养具有现代文明素养的社会公民，因此，学校非常注重学生文明习惯的养成，着力构建了文明引领系列课程，包括：在原样交接中传递文明，在垃圾分类中践行文明，在音乐浸润中沐浴文明，在美文阅读中品味文明，在捐赠赠予中弘扬文明，在志愿服务中传承文明，在过失代偿中施以文明。

在原样交接中传递文明：所谓原样交接，就是"物归原样，完好交接"。它既体现对卫生、公物、秩序管理的常规要求，更是对学生个人文明素养的有效提升。原样交接，播撒文明种子，收获良好习惯，凸显管理文明。

在垃圾分类中践行文明：校内各处同时放置颜色不同的两个垃圾箱，将垃圾进行分类收放。学校设社团义工定期把收集的教室、办公室可回收物品送到立"绿色驿站"，统一回收。垃圾分类已成为师生的习惯，体现着校园的文明程度教育成效。

在音乐浸润中沐浴文明：学生起床、进餐、上操、收操等没有老师的指挥和催促，不同的乐曲、节奏就代表着不同的指令。每天下午课前十分钟，是全校的每日一歌时间，班班有歌声，人人开口唱，嘹亮的歌声回荡在校园。雅乐相随，秩序可现，好歌相伴，品性自升。

在捐赠赠予中弘扬文明：学校鼓励、支持和组织学生积极参加扶危济困、捐献爱心等社会公益活动。每年的毕业生通过自愿捐赠图书，表达对母校的怀念、对老师的感恩、对学友的期待。学校每年都会组织校园义卖活动和慈善音乐会，所得款项全部用于专门的助学助贫项目。在捐赠赠与活动中，学校彰显的是慈心、公益、回馈、责任，弘扬的是文明。

在志愿服务中传承文明：校内设有节水节电、图书整理、考勤、护绿等义工岗，并成立了开元义工团。各班家委会均会在节假日和周末组织学生到公共场所进行义工服务和职业体验活动。在学校的大力倡导下，志愿服务，奉献社会已成为一种文明风尚。

在过失代偿中施以文明：学生犯错时，不是简单给予处分了事，而是让学生通过读好书、做好事，做有意义的事情，来得到褒奖，从而提高认识和修养，改变行为偏差。"择善而行，过失代偿"是让学生以行善举偿过失，进而在善举中形成善德。

文明引领学生成长，在点滴细节中为学生注入向真、向善、向美、向上的基因，最终沉淀下来的是开元学子举手投足间的文明素养与高尚的品质。

节点教育课程

学校高度关注学生成长的重要节点，注重做学生成长关键处那几步的见证者、引领者和助推者。学生被录取，会拿到开学大礼包，里面有录取通知书、致家长的一封信、学习生活指南，还有入学招贴画、课程表和推荐给家长的一本书。开学仪式上，我们专门创作了"开学辞"，让学生配乐朗读，激发学生对新学期校园生活的向往。几年下来，会有一些诗意的语言、熟悉的旋律伴随着仪式般的庄重印刻在学生成长的年轮上。学校精心设计毕业典礼，制作学生成长视频，送上所有任课老师的祝福，颁发毕业证、"阳光·足迹"成长册、感恩教育"三封信"，朗诵"毕业辞"，举行师生告别仪式。这一刻，沉淀的是回忆，升华的是情感，定格的是感动。

关注成长的重要节点，用特定的氛围定格学生的记忆，用隆重的仪式印证学生的历程，使学生在此间有所感、有所动、有所悟，努力在学生成长过程最重要的时刻、场合、记忆中打上学校教育的烙印。

德育既要润物无声，也要动人心魄，还要感人至深。最重要的是，要和学生成长合拍，与学生情感共鸣，与时代发展同步。我们的德育课程也在不断丰富教育内涵与特色，凸显教育成效与个性，提升教育质量与品位。

开学大礼包

实践创新：

自主体验探究，培养创新意识

所谓实践出真知，而创新则是一个人，甚至是一个民族进步的灵魂。《义务教育法》中要求："培养学生独立思考能力，创新能力和实践能力，促进学生全面发展。"培养学生的实践能力和创新精神对每一个教育工作者，都是责无旁贷的，学校根据学生生活和学习实际，本着"在体验中快乐成长"的教育原则，建立了一系列适合学生自我发展需要的实践创新课程，脚踏实地地帮助每一个学生在自我体验中收获不一样的人生体验，切实感受体验的滋味、创新的快乐。

社会实践课程

社会实践课

为使学生在亲身体验中增长知识、了解社会，学校精心选择社会实践场馆，不断优化实践活动内容，最大限度挖掘活动的德育内涵。每学期每个年级都有不同的社会实践内容。如，一年级"关爱生命"公共安全馆体验活动，通过学习灾难逃生技能，学生提高了防灾安全意识和避险自救能力。在二年级"放飞梦想"科技馆体验活动中，学生了解前沿的科学技术，学习科学知识、感受科学精神。四年级参观济南市战役纪念馆，了解济南战役的历史，缅怀先烈，继承发扬革命优良传统、进行爱国主义教育……到了六年级则安排学生参加"山青世界"校外实践拓展训练，磨炼了学生的品质、锻炼了其吃苦耐劳的精神。社会实践课程既要润物无声，也要动人心魄，还要感人至深。最重要的是，要和学生成长合拍，与学生情感共鸣，与时代发展同步。丰富的实践课程滋养了学生的身心，丰富了学生的生活，对社会更多的领域有了初步的了解，积累了一定的社会经验，提升了学生理解融入社会的能力。

3D打印课程

这是一门崭新的走在教学前沿的课程，可以给学生传统的学习方式带来崭新的思考，让抽象的教学概念更加容易理解，也可以激发学生对科学、数学的兴趣，带来实践与理论、知识与思维、现实与未来三方面的相互结合。本课程旨在通过3D打印技术的学习，帮助学生认识前沿的先进制造技术；通过实际操作锻炼动手和动脑的能力，激发学习兴趣；在操作过程中，树立学生的创新意识并培养学生独立思考能力和发散思维能力。本学期，老师带领学生自己设计制作了纽扣、钥匙扣、七巧板、鲁班锁、小小城堡等小物件。在这个过程中，学生的立体空间有了明显的认识和提高，动手能力和创新思维能力与日俱增，团结合作的意识也深深烙印在学生心中。所以说，3D打印课程为学生开辟一种全新的思维通道，让学生完成了一个探索、思考和操作实现的完整过程。

机器人课程

随着科学技术的快速发展，智能机器人已经从科学家的实验室走进了学校的课堂，智能机器人教育正成为国际教育界关注的热点。机器人课程最大的特点是"玩中学"，也就是组织引导学生在玩中动手实践。学校率先将机器人教学纳入小学课程，可以借助机器人这一载体让学生加深对计算机、电学、力学、机械原理、数学思维等基础知识的了解与运用，培养学生的学习力、专注力、受挫力、思维创新与动手能力。机器人的搭建可以给孩子们无限的想象力，让他们自由发挥。学生在"玩"的过程中，探索、体会属于他们的世界，更好地激发学生的学习兴趣和学习能力。以科学知识与技能训练为主的科技创新活动，使学生的科学素养得到进一步的提高，让他们在趣味活动中得到科学知识，有效培养了学生的科学意识、科学思想、动手操作能力和创新精神。

机器人课程

家政课程

此课程旨在培养学生的生活自理自立能力，培养生活基本技能、养成良好生活习惯，逐步增强家庭责任感。在这里，学生们能初步接触到基础的营养学、护理学、居家设计以及饮食文化等方面的知识。"甜心知味"是学校的一间专属家政教室，走进这里，我们仿佛走进了一个温馨的家。每个学期教师都会设计不同主题的学习内容。如，本学期主要以面食为一条主线，通过制作"法式西点""彩虹拼盘""DIY蛋糕"等食品，培养学生的动手制作能力，让学生学会制作一些小甜点。

家政课程

志愿者课程

为了培养学生为他人服务的意识，感受到"赠人玫瑰，手有余香"的快乐，学校增设了"志愿者课程"，如"校园小义工""小小投递员"等志愿岗位。"校园小义工"又可以分为护绿小义工（每周固定时间到各个班级收集可回收垃圾并进行打包分类整理）、节水节电小义工（专门负责监管节约用水以及班级电灯、多媒体的及时关闭等情况）等。小义工们积极性高、责任心强，做事情一丝不苟。

关于创新实践，学校还有很多趣味盎然的课程，如科学实验、趣味数学……学生在课堂上感受着体验的快乐，在体验中感受着创新的快乐，用双手去实践、用行动去感知、用心灵去领悟，在实践中创新，在创新中发展。相信，这样的课程比任何枯燥的说教都更能走进学生的内心，在他们成长的路上绽放出美丽的光彩。

跑班走课：

制定"一生一课表"，促进学生个性发展

学校"开元"课程体系共分七大领域，每一领域之中都有选修课程，新

一轮课程改革共增设16门，共计开设55门选修课程。每周四、周五下午是学生的选修课时间，每一名学生可根据自己的兴趣爱好，自主选择两门课程学习，每一学年可调换一次，在尝试中发现自己的爱好，在体验过程中培养自己的兴趣，发展自己的个性。采取网上报名抢课的方式给每一名学生创造公平的机会，并打破班级界限，采取跑班走课的方式。学生可跨年级学习，不同年级的学生在一起学习，在互帮互助中共同体验成长的快乐。这种菜单式的课程表让每一名学生在多元选择和体验中发展自己的个性，培养自己的兴趣。"一生一课表"给学生搭建了更加广阔的空间，让学生在自己喜欢的天地中自由快乐成长。

济南外国语学校开元国际分校的"开元"课程体系，七大领域凸显中国学生发展核心素养，课程丰富，内容精彩。让我们听一下家长和学生的评述。

2009级6班 张一涵家长：开元分校的外语教学太扎实了。每次听到孩子用纯正的语音语调在家里跟读，我都为自己的孩子选择了这样一所学校而高兴。现在我们出国旅游时，孩子可以和外国友人自信、大方又流利地交谈，我觉得孩子真的是在学一项语言工具，这一工具也给孩子甚至我们一家打开了另外一扇门。

2010级7班 杨轶文家长：选择学校时，经过认真对比，觉得开元分校的课程十分丰富，能够培养孩子多方面的学习兴趣和能力。尤其是学校的传统文化课程，十分注重学生的经典积淀。日日坚持，周周坚持，四年下来，孩子会说、会背的诗词经典美文量之大让我吃惊。在观看中央电视台的《诗词大会》时，孩子对其中的很多题目都可以准确快速的对答，孩子不仅会背，而且能够运用，这一点令我十分欣慰。

2013级5班 杨冠中家长：作为家长，对学校的课程设置特别满意。和我周围朋友的孩子相比，我的孩子因为选择了外国语小学，体验了很多其他学校没有的课程，像形体、武术、陶笛、软陶等，这些高大上的课程我们从来都没接触过。看到孩子每天既能学到传统科目——语数外等，还能有这么多陶冶情操的课程，觉得现在的孩子真幸运。现在低年级还开设了电钢课，我们真是太满意了。总之，为学校的课程设置点赞！

2014级5班 李忆楠：我最喜欢周四、周五这两天的下午了，因为我可以和我的好朋友一起到国画班去上课。国画教室古色古香，很漂亮。我已经学会侧锋、顺锋、逆锋的毛笔运法，现在正在学习重彩。我的作品就展示在学校走廊里，每次经过那里我都会看好几眼，心里特别自豪。

2011级6班 车宇航：我们学校的活动特别多，我最难忘的就是"开元之星"英语大赛。我已经连续三年代表班级参加比赛了。参赛的选手都特别厉害，有讲故事的，有唱英文歌的，还有为电影配音的……现在，比赛又增加了风险抢答环节，我们觉得特别刺激。

2011级7班 周倩伊：没想到，在小学阶段的最后一年，我们接触到了教育戏剧课程，活泼的学习形式、丰富的学习内容，让我们都热情高涨。在参与课堂的过程中，我们被这种崭新的学习方式吸引着，全身心地投入，仿佛找到了另一个自己。每周的戏剧课，是我们最期待的。

2004级6班 董静怡（正在大学就读）：在开元分校的六年时光是目前为止学生生涯中最温柔的部分。丰富的课程使我汲取了很多营养，也给了我更多的探索世界的能力和机会。回想起来，自己一口流利纯正的英语正是在小学阶段养成的。对自然的研究兴趣正是源于在小学上的那一节科学实验课。感谢母校，让我在人生的初始阶段就可以面对一个斑斓的小世界。

参考文献

[1]赵霞.小学语文课堂教学艺术[M].北京：现代出版社，2018.

[2]周立群.语文新课程与教学导论[M].广州：广东高等教育出版社，2010.

[3]张官妹.小学语文教学技能技法[M].长沙：湖南师范大学出版社，2001.

[4]蒋蓉，曾晓洁，李金国.小学语文课程与教学论[M].北京：北京师范大学出版社，2015.

[5]蒋蓉.小学语文教学论[M].长沙：湖南教育出版社，2007.

[6]江玉安.小学语文课程与教学导论[M].长沙：湖南师范大学出版社，2018.

[7]吴立岗.小学语文教学研究[M].北京：中央广播电视大学出版社，2004.

[8]人民教育出版社小学语文室.小学语文教学法[M].北京：人民教育出版社，2005.

[9]黄朝霞，熊社昕.小学语文教师成长指导与实践案例[M].武汉：武汉大学出版社，2018.

[10]徐武生.小学语文课程与教学[M].南昌：江西高校出版社，2012.

[11]杨军，张征，王连英.小学语文新课程教学论 [M]. 上海：上海世界图书出版公司，2012.

[12]石月兰.小学语文教学理论与实践[M].银川：宁夏人民出版社，2013.

[13]刘济远.小学语文教学策略[M].北京：北京师范大学出版社，2010.

[14]冯国瑞.小学语文教材教法[M].郑州：郑州大学出版社，2004.

[15]刘本武.小学语文新课程教学法[M].北京：首都师范大学出版社，2010.

[16]莫莉.新课程小学语文教学的理论与实践[M].昆明：云南大学出版社，2015.

[17]王丽鹃.小学语文新课程教学法[M].郑州：郑州大学出版社，2008.

[18]董蓓菲.小学语文课程与教学论[M].杭州：浙江教育出版社，2003.

[19]陶秀英.小学教育基础理论知识 小学语文教学法分册[M].北京：中国档案出版社，2001.

[20]蒯秀丽.小学语文课程与教学实践研究[M].北京：新华出版社，2015.

[21]王俊.小学教育·教学·管理[M].重庆：重庆大学出版社，2008.

[22]蒋蓉.小学语文教学设计[M].北京：高等教育出版社，2016.

[23]杨九俊，姚烺强.小学语文课程与教学 下[M].南京：南京大学出版社，2013.

[24]杨建国.语文口语交际概论[M].广州：广东教育出版社，2015.

[25]孙火丽.语文教学方法与思维研究[M].沈阳：辽海出版社，2018.

[26]王文彦，蔡明.语文课程与教学论[M].北京：高等教育出版社，2002.

[27]武忠玲，吴雁琴.小学语文课堂教学理论与实践[M].北京：首都师范大学出版社，2015.

[28]周立群，庞车养.小学语文教学理念与教学示例[M].广州：华南理工大学出版社，2003.

[29]钱加清.语文课程与教学论[M].济南：山东人民出版社，2008.

[30]孙建龙.小学写作教学的理论与实践[M].北京：首都师范大学出版社，2007.

[31]张悦红，李艳红，郭进明.小学语文课程与教学论[M].北京：中国社会科学出版社，2012.

[32]李新宇.语文教育学新论[M].南京：南京师范大学出版社，2006.

[33]曹明海，钱加清.语文课程与教学论[M].济南：山东人民出版社，2005.

[34]卓进，肖红.小学语文教学法[M].北京：中国财政经济出版社，2011.

[35]刘本武，李金国.小学语文课程与教学[M].北京：北京师范大学出版社，2013.

[36]赵晓丹.小学语文教学技能导练[M].上海：复旦大学出版社，2011.

[37]王宗海，肖晓燕.小学语文教学技能[M].上海：华东师范大学出版社，2011.

[38]诸葛彪.小学语文新课程教学法[M].南昌：江西高校出版社，2007.

[39]王志宏.小学习作教学怎样才能更高效[J].外语学法教法研究，2015.

[40]吕广亮.小学生作文高效教学的关键[J].散文百家，2015.

[41]张昊.小学习作教学应遵循的主要原则[J].神州，2019.

[42]吕广亮.小学生作文高效教学的关键[J].散文百家（下旬刊），2015.

[43]蒯秀丽.核心素养下小学习作教学策略研究[J].教育教学论坛，2020.

[44]刘冬秀.浅谈对小学语文新课改的理解[J].小学生（教学实践），2019.

[45]杨淑玲.小学语文阅读教学策略探讨[J].课外语文，2018.

[46]沈小涓.试论小学语文综合性学习[J].新课程（教育学术版），2007.

[47]苏彩霞.浅谈小学语文课堂教学的理想模式[J].中学课程辅导（教学研究），2019.

[48]孙岩梅.语文综合性学习的价值所在[J].快乐阅读，2011.

[49]王静.小学各学段识字教学的有效衔接[J].科技视界，2018.

[50]莫文业.小学语文课堂教学中对学生创新能力培养的研究[J].读天下，2017.